U0588925

新时期思想政治教育机制的多维探索

胡鹤泷　戴丽娜　黄　梅◎著

线装书局

图书在版编目（CIP）数据

新时期思想政治教育机制的多维探索/胡鹤泷，戴丽娜，黄梅著.--北京：线装书局，2024.1

ISBN 978-7-5120-5944-3

Ⅰ.①新… Ⅱ.①胡… ②戴… ③黄… Ⅲ.①思想政治教育－研究－中国 Ⅳ.①D64

中国国家版本馆 CIP 数据核字（2024）第 046263 号

新时期思想政治教育机制的多维探索
XINSHIQI SIXIANG ZHENGZHI JIAOYU JIZHI DE DUOWEI TANSUO

作　　者：胡鹤泷　戴丽娜　黄　梅
责任编辑：贾彩丽
出版发行：线装书局
　　　　　地　　址：北京市丰台区方庄日月天地大厦 B 座 17 层（100078）
　　　　　电　　话：010-58077126（发行部）010-58076938（总编室）
　　　　　网　　址：www.zgxzsj.com
经　　销：新华书店
印　　制：北京四海锦诚印刷技术有限公司
开　　本：787mm×1092mm　　1/16
印　　张：11.5
字　　数：222千字
版　　次：2024年1月第1版第1次印刷
定　　价：88.00元

线装书局官方微信

前　言

　　思想政治教育是一种教育活动，旨在引导和塑造个体的思想、价值观和政治意识，以促进社会的和谐发展和国家的稳定。新时期思想政治教育机制的多维探索是一项关键性研究，旨在适应当代社会的发展需求，深入探讨思想政治教育的内涵、功能、方法等多方面，以更好地推动我国教育体系的发展和学生的全面素质提升。

　　基于此，本书以"新时期思想政治教育机制的多维探索"为题，在论述思想政治教育及其使命、思想政治教育机制的相关内涵，以及思想政治教育机制主要功能的基础上，首先，分析思想政治教育的理念与特征、思想政治教育的目标与发展、思想政治教育的价值及其体现、思想政治教育的方法与创新；然后，讨论新时期以科学精神指引思想政治教育机制构建，主要包括求实求真精神、辩证批判精神、大胆创新精神、团结协作精神；接下来探讨新时期思想政治教育的协同育人机制、实践育人机制、环境育人机制、保障与评价机制；最后，从大数据时代思想政治教育的联动机制、新媒体时代思想政治教育的沟通机制、区块链技术下思想政治教育机制创新、图像化思想政治教育"内化于心"机制，研究互联网时代思想政治教育机制的创新。

　　本书论述充分、通俗易懂，既有广度又有深度，深入研究思想政治教育的各个方面，有助于更好地理解和应对当下教育领域的挑战，推动思想政治教育在新时期取得更大的成就。

　　笔者在本书的写作过程中，得到了许多专家学者的帮助和指导，在此表示诚挚的谢意。由于笔者水平有限，加之时间仓促，书中所涉及的内容难免有疏漏之处，希望各位读者多提宝贵意见，以便笔者进一步修改，使之更加完善。

目 录

第一章　新时期思想政治教育机制认知

第一节　思想政治教育及其使命

新时代提出新课题，新课题提出新要求，思想政治教育也迎来了新使命。只有紧紧把握新时代的内涵，才能更好地解决思想政治教育当前存在的问题，才能不断提升中华民族的思想凝聚力，为中华民族伟大复兴提供强有力的理论和动力支持。

"思想政治教育作为团结全国人民完成各项工作的中心环节和各项工作的生命线，应围绕新时代党的历史使命开展工作，推动实现社会主义现代化强国和中华民族伟大复兴。"[①]

一、思想政治教育的深刻内涵

思想政治教育是加强党性建设，筑牢社会主义和谐稳定基础，推动社会健康和谐可持续发展的重要内容，直接影响着人们人生观、世界观和价值观的形成和发展。随着社会的发展和进步，新时代赋予思想政治教育新的意义和内涵。

（一）贯彻落实立德树人的根本任务

随着经济全球化、信息全球化、科技全球化等共享模式的出现，各国之间的竞争就是人才竞争。"十年树木百年树人"，人才的培养是一个漫长的过程，但也是发展必需，进步必要的过程。立德树人，德字为先，我国素为仁德礼仪之邦，也正是这种优秀高尚、兼容天下的德仪品性，使我国在高速激烈的时代轨道上，乘势而上，在如此短时间内迅速崛起，汲取众家所长，克服自家所短，以礼仪仁德铸造了强大的发展实力。此外，人才也是发展的重要内容。新时代下，加强落实立德树人的根本任务既是社会发展的需要，也是时代进步的选择。

[①]　张毅翔. 新时代思想政治教育的新使命和新要求 [J]. 思想教育研究，2017（11）：20.

一方面，一个国家、一个民族要发展、要进步，就必须拥有高度统一的思想战线，形成"心往一处想，劲往一处使"的思想意识，这样才能拥有"众人拾柴火焰高""万众一心，其利断金"的强大的精神力量，面对发展中的困难、建设中的难题才能不畏艰险、敢于奋斗、勇于作战；另一方面，精神的力量必须附丽在牢固的躯体上才能发挥巨大的作用，而人才作为发展、创新的核心力量，是精神引导、发展和实现的最佳载体。随着世界科技化、信息化、共享化的不断融合发展，综合型人才越来越成为世界性紧缺的端口。为了能够妥善处理、坚定面对这种新时代下的巨大挑战，加快建设、培育和孵化德智体美劳综合型人才在眼下显得尤为重要。因此，"树人"也是新时代思想政治教育的重要内容之一。

新时代，教育方针里面的"德、智、体、美"四个方面已经扩展到"德、智、体、美、劳"五个方面，充分体现了新时代加快推进教育现代化、建设教育强国、办好人民满意的教育，努力培养担当民族复兴大任的时代新人，培养德智体美劳全面发展的社会主义建设者和接班人的重要性和紧迫性。党的教育方针是指导教育事业发展的战略原则和行动纲领，决定着教育事业的发展方向。

新时代，思想政治理论课要把全面落实党的教育方针作为重中之重，突出人才质量导向意识，在培养"德智体美劳"等方面上着力。在德育方面，要按照教育部加强德育工作的要求，加强学生的理想信念、社会主义核心价值观、中华优秀传统文化、生态文明和心理健康等方面的教育；在智育方面，构建人才培养机制，向学生传授系统的文化科学知识，不断提高学生技能，发展学生智力；在体育方面，传授体育知识，提升学生技能，增强学生体质；在美育方面，培养学生正确的审美观点，提高学生发现美、鉴赏美、创造美的能力；在劳育方面，教育学生弘扬劳动精神，热爱劳动，尊重劳动，积极参加生产劳动。

（二）培育"四个自信"的坚定信念

"自信"是精神与实力的完美统一，是实践与创新的有机结合，是发展与创造的融会贯通。在中国特色社会主义建设下，除了理论自信、道路自信和制度自信，文化自信也是时代赋予发展的新内容，是思想政治教育必不可少的新内涵。"四个自信"指导思想给中华民族提供了明确的发展目标，引导了发展方向，开辟了发展路径，给党和国家提供了坚定的中华民族伟大复兴的理想信念，给社会和民族提供了强大的理论支持、精神支撑和方向选择。因此，新时代下，思想政治教育需要不断加强"四个自信"建设和发展，不断结合时代新内容和新需要，改革创新、推陈出新、革故鼎新地使党、国家、社会等一切群体不断接受新思想、新理念和新内涵，在新的历史环境下，以个人自信、社会自信和国家自信的姿态面对未来、面对世界；以科技自信、思想自信和实力自信的态度面对发展、面对建设。

（三）强化学习习近平新时代中国特色社会主义思想

在发展和创新的过程中，习近平总书记经过不断摸索和实践，紧密结合党和国家发展的时代需求和实践要求，牢固结合并融合发展思想，在全面分析、科学评判、综合审视的基础上提出了新时代的中国特色社会主义思想。掌握习近平新时代中国特色社会主义思想，也就掌握了新时代的发展内涵，掌握了新时代的发展要求，掌握了新时代的发展方向。习近平新时代中国特色社会主义思想深化了对中国共产党的执政规律、社会主义建设规律、人类社会发展规律的认识。习近平新时代中国特色社会主义思想是新时代下人民智慧的结晶、思想理论的升华、实践创新的凝练。学习习近平新时代中国特色社会主义思想是新时代下思想政治教育必须强化、拓展的学习内容，这不仅有利于提高思想觉悟和认识，更有利于提升对社会主义的认识；不仅有利于提升民族荣誉和历史使命感，更有利于明确自身的社会价值和责任感。

二、思想政治教育的重要使命

随着多元化、多样化社会的不断发展和进步，新时代下，思想政治教育又有了新的历史使命。新时代思想政治教育将不断为实现现阶段社会主义主要矛盾的顺利转变，加快推动我国全面建成小康社会、推进社会主义现代化进程发挥重要作用，在时代发展的舞台上，中华民族作为强大的发展力量也将以更加自信的姿态矗立在世界民族之林。

（一）推进现代化经济体系建设进程

沿着中国特色社会主义道路，集中力量进行社会主义现代化建设，是国家的根本任务。为全面推进我国社会主义现代化建设进程，建设现代化经济体系必须坚持"质量第一、效益优先"目标和原则，要遵循这一原则和目标首要任务就是要加强对所有参与人员的思想政治教育，明确提出必须拥护中国共产党领导和我国社会主义制度，必须拥有正确的人生观、世界观和价值观，牢固树立经济发展需要不断加强政治建设、思想教育和道德培育等内容，牢固树立任何发展和建设都是在党的领导和建设下不断取得进步的结果，牢固树立符合我国国情的经济形式。

在深化供给侧结构性改革、加快建设创新型国家、实施乡村振兴战略、实施区域协调发展战略、加快完善社会主义市场经济体制、推动形成全面开放新格局等方面必须以新时代下的思想政治教育为前提，推进理论与实践相结合、科学与技术相融合、市场与社会相汇合的发展模式，从宏观布局与微观发展、从未来规划与具体实施、从面向世界与完善自身建设新时代发展模式，在新时代的号召下，思想政治教育必须引领时代建设者、传承者和接班人，认清国情、了解行情、辨明舆情，在正确的思想政治道德素质观念下，投之于社会发展、国家建设。

（二）成为全面建设社会主义现代化国家的重要力量

现阶段已经到了全面建成小康社会的决胜期、关键期，到了建成什么样的小康、如何建成全面小康的收尾期、杀青期，在这个关键而紧张的时刻，必须牢固树立习近平新时代中国特色社会主义思想，不能掉以轻心，不能投机取巧，不能心浮气躁，必须要在思想政治上与党中央保持高度统一，在经济发展、文化繁荣、社会和谐和生态文明建设上同中国特色社会主义发展方向保持一致；在科教兴国、教育兴国、乡村振兴、美丽中国等重要方向上与党中央保持一致；在发展为了祖国、发展为了社会、发展为了人民的根本目标上与党中央保持一致。在全面建成小康社会决胜阶段，思想政治教育必须肩负起在价值观念上实现统一思想、统一战线、统一实践的引领作用；肩负起在发展态度上实现不畏艰险、永不言败、艰苦奋斗的鼓舞作用；肩负起在共同富裕目标上实现协作作用。

思想政治教育是一项系统性、全面化、层次式的工作，是一项现代式、进行式、当前性的任务，是一项发展与协调、创新与融合、时代与历史相辅相成、共创辉煌的事业。新时代，在中华民族伟大复兴前的重要阶段里，历史发展的需求和时代进步的要求，赋予思想政治教育必须要肩负起承担全面建成小康社会决胜阶段的精神支撑和力量支持这一重要时代使命和当代责任。

（三）推动社会主义主要矛盾的转变与过渡

我国社会主要矛盾已经转化为人民日益增长的美好生活需要和不平衡不充分的发展之间的矛盾。反映了两个主要问题：一方面指出我国社会发展已经取得了较大进步，人们对美好的生活有着热切的追求和向往；另一方面也明确指出我国现阶段仍然存在发展不充分、不平衡等问题。新时代下，对社会主义矛盾的充分总结与分析，对新的国情和形势做出的新的评判与认识，表现出党和国家高超能力和过人智慧。过渡时期往往是问题的迸发期、高发期，由于新的理念、观念、思想的引入和渗透，往往会在人们固有思想理念、思维方式和价值观念上诱发冲撞，对于部分人可能由于信息接收不全面、理解不充分等问题而对新时代思想产生错误的理解和认识，往往会在人民内部形成新的矛盾。

因此，新时代下，思想政治教育工作应重视服务人民对美好生活的需要，坚持以人为中心，从多方面、多层次、多角度了解人们对美好生活的认识和需求，深入了解人们的思想动态、思想状况，做好沟通工作、教育工作和宣传工作。思想政治教育应重视矛盾预防与化解工作，在矛盾多发领域注重进行规范和深入的思想政治教育，及时化解既有矛盾和新生矛盾，面对新领域和新内容，思想政治教育要表现较好的预见性，做好正确引领、提前预防、防治结合、愈后强化等工作，杜绝矛盾激化、矛盾拖延和矛盾泛滥。

三、思想政治教育新使命的推动路径

新时代思想政治教育有了新内容、新任务和新使命，为全面推动新时代思想政治教育工作，实现时代赋予思想政治教育的新使命，必须不断提高哲学社会科学研究水平，注重思想政治教育理论课程建设，加强党政机关的思想政治管理，教育和宣传工作。

（一）大力弘扬社会主义先进文化

文化的核心是价值观。当今世界综合国力的较量，文化因素是至关重要的。当前我国社会意识形态领域出现的新变化也充分说明，不在国际上争取文化的主导，就没有国际话语权，也就会因此而丧失国家具有持续性、稳定性的整体影响力，意识形态建设也会陷于被动的局面。我国社会主义意识形态建设要具有主导性，就必须大力弘扬社会主义先进文化，不断增强我国社会主义文化的软实力。

第一，深化文化体制改革，必须大力推进传播手段创新。文化的影响不仅取决于内容是否具有独特魅力，而且取决于是否具有先进的传播手段和强大的传播能力。在当今信息社会，谁的传播能力强大，谁的文化理念和价值观念就能广为流传，为此必须花大力气拓展传播渠道，丰富传播手段，加快构建传输快捷、覆盖广泛的文化传播体系，使我国文化传播能力有一个大的提高。

第二，实施"走出去"战略，完善和落实鼓励文化产品和服务出口的政策措施，培育民族文化的品牌，提升民族文化自信。在当前全球化的背景下，"走出去"战略的核心是通过文化产品和服务的出口来增强国家的国际影响力。为实现这一目标，政府需要采取一系列政策措施，包括降低文化产品出口的关税和壁垒，简化出口程序，以及为文化企业提供财政支持和市场推广资源。

此外，还需要培育和推广中国民族文化的品牌，让国际社会更好地认识和理解中国文化。这可以通过支持中国文化产业的国际化发展、推广国际巡展、举办文化交流活动等方式来实现。通过这些努力，中国可以在全球文化市场上建立起更具竞争力和吸引力的品牌，从而提高民族文化的自信心。

第三，推进文化的内容和形式创新，在了解世界文化发展特点的同时，充分挖掘我国历史文化宝库，大力弘扬中华文化优良传统，并运用现代技巧增强文化的表现力，使之以更具吸引力、感染力的新的文化样式展现在当代人面前，以充分满足人民群众的精神文化需要。文化的创新和发展是一个国家持续进步的关键因素。中国不仅需要关注世界文化的发展趋势，还需要在本土文化传承和创新方面大力投入。首先，要深入挖掘中国历史文化的宝库，传承和弘扬中华文化的优良传统，让这些传统在现代社会仍然具有深刻的内涵和吸引力。

第四，发展哲学社会科学，构建具有中国特色、中国气派、中国风格的哲学社会科学体系；坚持和发展中国特色社会主义，必须大力发展哲学社会科学，培养中青年学科骨干和学术带头人，鼓励并支持青年人才潜心于思想政治教育的教学研究事业。

哲学社会科学是一国文化软实力的重要组成部分，对于坚持和发展中国特色社会主义、传承和弘扬中华文化具有重要作用。中国需要构建具有中国特色、中国气派、中国风格的哲学社会科学体系，以反映国家的文化自信和独立思考。

为实现这一目标，政府应该加大对哲学社会科学领域的投资，培养中青年学科骨干和学术带头人，鼓励他们在研究领域取得突破性进展。同时，要支持青年人才参与思想政治教育的教学研究事业，以培养新一代具有高水平思辨能力的人才，为中国特色社会主义的传承和发展提供坚实的智力支持。

（二）加强社会主义核心价值体系建设

我国社会思想意识领域出现的新变化、新特征和新趋势，给思想政治教育提出了新的要求。新形势下，进一步加强和改进思想宣传工作，必须始终加强社会主义核心价值体系建设，坚持弘扬社会主义主旋律，增强社会主义意识形态的凝聚力和吸引力。建设社会主义核心价值体系是一项社会系统工程，是全党全社会的共同责任。我们必须坚定中国特色社会主义共同理想、大力弘扬以爱国主义为核心的民族精神和以改革创新为核心的时代精神、树立和践行社会主义荣辱观，切实把社会主义核心价值体系建设融入国民教育、精神文明建设和党的建设全过程，贯穿改革开放和社会主义现代化建设各领域，体现在精神文化产品创作生产传播各方面。把社会主义核心价值体系融入国民教育全过程，要充分发挥课堂教学的主渠道作用，使社会主义核心价值体系进教材、进课程、进学科、进头脑。

（三）加大以改善民生为重点的社会建设

民生问题，民心所系，国运所系。着力解决关系人民群众切身利益的生活、生产问题，保障人民群众的经济、政治、文化和社会权益，努力实现人的全面发展，是我们党和国家一切工作的出发点和落脚点。强调以改善民生为重点加快推进社会建设，这是我们党牢牢把握中国特色社会主义本质特征的集中体现，也是发展中国特色社会主义的重要部署，反映了全体人民的共同愿望。

只有切实加大以改善民生为重点的社会建设，不断夯实人民群众的物质基础，提高人们的生活水平，思想宣传工作才能落到实处。也只有这样，社会主义制度才能有吸引力，社会主义也才能体现出优越性。

（四）提高哲学社会科学研究水平

哲学社会科学为人们认识世界、改造世界提供了坚实的理论基础。随着时代的不断发展和进步，新时代给哲学社会提出了新内容和新需求，而当今社会信息冗杂、节奏极快、变化无常，面对这种机遇与挑战并存的现实，必须不断提高哲学社会科学研究进程、研究能力，不断提高社科研究队伍的综合素质、团队力量，不断为社会发展提供与时俱进的新思想、新内容，不断为思想政治建设提供坚定的政治保障、理论依据。

现阶段，加强哲学社会科学研究一方面需要不断优化科研结构体系，实行科研的优胜劣汰，对有意义、实践性强的科研项目给予大力支持，另一方面也需要加强科学研究中的顶层设计与项目规划管理，围绕各个学科研究的重点难点问题，增强科研问题导向意识和学术规范意识。建立健全评审制度，组建公平的评审体系和机制。严格控制科研结果评审任务，对弄虚作假、矫揉造作的科研团队和内容进行批评和处罚，严控哲学社科研究和评审的各个过程。

（五）加强党政机关的思想政治管理、教育与宣传工作

思想政治教育是政治建设的一项重要任务和内容。从管理上，要建立党委统一领导、党政齐抓共管、有关部门各负其责、全社会协同配合的工作格局，形成系统的、科学的、协调的管理模式，让全党积极树立提高思想政治素养从我做起的带头作用，树立提高思想政治素养行于眼下的积极作用，树立提高思想政治素养全民共参与的热烈氛围。为了能够更好地实现党员的积极带头作用，务必对党员进行严格的思想政治教育，坚持从严管理和科学治理相结合，各级党政机关必须加强思想政治教育工作，以多形式、多样式对党政人

员进行多角度、多层次的思想政治教育，进而使党员拥有正确的思想政治价值观念和理念。宣传工作是开展思想政治教育工作的重要手段和形式，各级党政部门可通过多种形式如开展教育讲座、举办知识竞赛、开展教育演讲等形式加大对思想政治教育工作的宣传。

（六）注重思想政治教育理论课程建设

教师肩负着"传道授业解惑"的重任，教师的言行直接影响了学生的思想观念、价值理念和行为品性，相应地，课程作为传授知识、观念的重要媒介，同样发挥了极其重要的作用。注重思想政治教育理论课程建设要重视以下两方面内容：

一方面，不断提高教师的思想政治素养、科学文化素养，坚持做到"政治要强、情怀要深、思维要新、视野要广、自律要严、人格要正"，以发展的态度强其身，以奉献的态度省其身，以至善的态度修其身，用实践和真理感召学生，用高尚师风师德感染学生，用深厚知识和能力赢得学生。

另一方面，不断加强思想政治理论课程改革创新，用新时代的教育教学方式因材施教，运用信息化技术手段改进教学方式、优化教学模式，促进教学质量不断改进、教学成果不断丰富。坚持政治性和学理性相统一、价值性和知识性相统一、建设性和批判性相统一、理论性和实践性相统一、统一性和多样性相统、主导性和主体性相统一、灌输性和启发性相统一、显性教育和隐性教育相统一。

第二节　思想政治教育机制的相关内涵

思想政治教育机制的内涵是思想政治教育机制理论的重要组成部分，对其进行研究，不仅对于发挥好思想政治教育机制的功能，提高思想政治教育效果有重要的意义，而且对于丰富思想政治教育机制理论有一定的学术价值。

一、机制与思想政治教育机制

（一）机制的含义

"机制"一词，源于希腊文，原文为"mechane"，与机器相关。随着社会进步和时代发展，"机制"一词的内涵和外延不断扩展，逐渐演变成一个隐喻性的概念。具体来看，在有机界领域，生物学和医学通常将机制一词用于指代研究某一种生物的功能，当然也特指有机体在发生生理或病理变化时，各器官之间相互联系、调节的方式；在社会科学领域，随着近代物理学和生物学的发展，学者逐渐将自然科学中的有机体理论引申到社会学领域，将社会比作有机体，具体分析其内部各个侧面、各个层次和各个部分的相互关系、连接方式和作用方式，进而使得"机制"一词顺利运用到社会领域并逐渐形成为我们现在所了解的社会不同层面的运行机制。

因而，从社会学角度理解机制的含义主要是指社会机构、组织内部机构及其运行过程和原理，或社会政治、经济、文化活动各要素之间相互关系、运行过程及其综合效应。综合考察机制的词义及在相关学科领域中的具体意义，机制可以定义为系统内部一种协调各个部分，并使之按一定的方式使之整体运行的结构体。机制各部协调形成一个完整的系统，其结构稳定、协调运行，从而推进事物的发展。

（二）思想政治教育机制的含义

思想政治教育机制是机制理论在思想政治教育领域的延伸和扩充，是对机制研究的深入和细化，二者之间是共性与个性、一般与个别的关系。通过对机制概念、特性、功能的诠释，可以从宏观层面和一般意义上理解和把握思想政治教育机制的含义。

思想政治教育既是一门独立的学科，又是一项复杂的实践活动，因而也就赋予了在思想政治教育领域机制理论的独特性和专属性。思想政治教育机制指的是为了实现人们所期望的思想政治教育目标，追求思想政治教育各要素的一定构成方式、作用方式以及由此产生的思想政治教育整体的运行方式和有效调节方式的总和。可以从以下三个层面来理解思想政治教育机制的定义：

第一，思想政治教育机制是与整体相联系的概念，通过思想政治教育机制要素的耦合功能，优化要素配置，稳定机制结构，协调机制运行，最终实现机制的整体效能。

第二，思想政治教育机制是与系统相关联的概念，组成思想政治教育机制的要素依据思想政治教育系统的规律和要求，产生结构的内在关联，实现机制功用的有机结合。

第三，思想政治教育机制是与过程相呼应的概念，思想政治教育机制是一个动态发展的过程，即其要素之间的密切联系、和谐互动和良性运作是一个动态的过程，这个过程是与思想政治教育动态发展过程相配套和统一的。

总之，思想政治教育机制充当了调节器的功用，控制、调整系统及系统各要素的影响因素和变量，使系统及各要素进行合理结构调整和良性协调运转，凝聚成强大的驱动力量，使高校思想政治工作层层推进，整体保持最佳状态。

二、思想政治教育机制的相关内涵辨析

（一）思想政治教育机制与思想政治教育规律

思想政治教育机制与思想政治教育规律是两个有着密切联系的范畴。规律是一个具有客观必然性的概念，表示的是事物发展过程中本质的、必然的、稳定的联系。规律具有不以人的意志为转移的客观性，对于规律，人们只能认识、利用或者改造，而不能创造和消灭。将规律的概念运用到思想政治教育中，形成了思想政治教育的规律。所谓思想政治教育规律，就是指思想政治教育活动在其运动发展过程中内在的、本质的、必然的联系。从思想政治教育规律的含义可以看出，思想政治教育机制与思想政治教育规律之间具有密不可分的关系。

思想政治教育机制与思想政治教育规律的联系主要表现为：①思想政治教育规律决定和制约着思想政治教育机制的建立、运行和发展。思想政治教育机制的建立、运行或者改变是以思想政治教育规律为依据的，必须要遵循思想政治教育规律，否则，思想政治教育机制就不能有序运行，思想政治教育目标也难以实现。②思想政治教育机制反映、表现思想政治教育规律。思想政治教育规律是思想政治教育活动过程中内在的、本质的联系，具有内隐性，不能直观看到。由于思想政治教育机制要反映和表现思想政治教育规律，因此，人们就可以通过思想政治教育机制的运行来认识和掌握思想政治教育规律。

思想政治教育机制与思想政治教育规律的区别主要有两个方面：①思想政治教育规律是思想政治教育活动过程中的本质性联系。思想政治教育机制是思想政治教育系统各构成要素之间的相互联系，这些联系既有本质性联系，也有非本质性联系。②思想政治教育规律具有客观性，而无主观性。对于它，人们只能认识、遵循、利用或者改造，而不能"无中生有"进行创造或者"有中变无"。与思想政治教育规律相比，思想政治教育机制不仅具有客观性，还具有主观性。思想政治教育机制的建立和运行不是凭主观臆想决定的，而是以思想政治教育规律为依据的，具有客观性，同时，思想政治教育机制是人们在遵循思想政治教育规律的基础上，有意识、有目的地建立的，而且思想政治教育机制的运行方式和运行过程在一定程度上也是被人们选择和控制的，对于不适应社会发展要求和违背思想政治教育规律的机制，人们可以改变、完善和优化它，体现出了明显的主观性。

（二）思想政治教育机制与思想政治教育体制

体制，是国家机关、企业事业单位在机构设置、领导隶属关系和管理权限划分等方面的体系、制度、方法、形式等的总称。如政治体制、经济体制等。教育体制是教育体系和教育制度的总称。教育体系是指一个国家根据政治、经济和文化科学发展水平所确定的各类层次教育的地位及其相互衔接和联系的系统。从纵向看，学前教育、初等教育、中等教育、高等教育的联系和衔接。从横向看，学科、专业类别间的种类比例关系。教育制度是指在一个国家内各种教育机构的总和，包括各级各类学校教育机构、学生的校外各种教育机构和成人教育机构等，这两方面有机的结合，就是一个国家的教育体制。思想政治教育体制是以教育体制为基础形成的思想政治教育体系和思想政治教育制度的有机统一。根据思想政治教育体制的内涵可以看出，思想政治教育机制与思想政治教育体制有着密不可分的关系。

思想政治教育机制与思想政治教育体制的联系主要表现在：①思想政治教育体制决定思想政治教育机制。当一定的思想政治教育体制确定后，就需要建立与之相适应的思想政治教育机制来保证它的运行；当思想政治教育体制发生改变，思想政治教育机制也要随之作出相应的改变，以适应新的思想政治教育体制。②思想政治教育机制是思想政治教育体制发挥作用、实现价值的重要形式。思想政治教育体制确立后，需要通过思想政治教育机制的运行来发挥其作用，如果没有机制作为其发挥作用的保证，再好的体制也无法发挥作用。

思想政治教育机制与思想政治教育体制的区别主要表现在：①思想政治教育机制强调的是组织结构的动态运行过程和运行方式；而思想政治教育体制强调的是根据一定的组织结构所形成的一系列的具有静态意义的体系和制度。②二者发挥作用遵循的规律不同。思想政治教育机制发挥作用的关键，是必须遵循思想政治教育机制的运行规律；而思想政治教育体制发挥作用的关键，是遵循思想政治教育体制的运行规律。

（三）思想政治教育机制与思想政治教育制度

制度是在社会生活中运用的极为广泛的一个概念，一般可以从广义和狭义两个层面来理解其含义：从广义来讲，制度是指在一定历史条件下形成的经济、政治、文化、社会等各方面的体系，如经济制度、社会主义制度等；从狭义来讲，制度是指要求成员共同遵守的规程或准则，如工作制度、学习制度等。相应地，就形成了广义的思想政治教育制度，如资本主义的思想政治教育制度、社会主义的思想政治教育制度等；狭义的思想政治教育制度，如学校思想政治教育制度、企业思想政治教育制度等。思想政治教育制度对整个思想政治教育活动起着重要的规范、约束和保障作用。由此可以看出，思想政治教育机制与思想政治教育制度既有密切的联系，也有明显的区别。

思想政治教育机制与思想政治教育制度存在密切联系：①二者都具有一定的稳定性。思想政治教育机制一旦形成，其运行和功能发挥在一定时期就表现出明显的稳定性；思想政治教育制度正是通过其稳定性来实现它的功能的，如果思想政治教育制度缺乏稳定性，朝令夕改，其权威性和约束力就会明显降低。②二者都具有一定的规范性。思想政治教育机制对整个思想政治教育活动过程起着规范作用，而思想政治教育制度通过一定的规程或准则对思想政治教育的主客体和教育过程起着规范作用。③二者的关系密切。思想政治教育机制的运行离不开思想政治教育制度的保障，而思想政治教育制度要发挥作用则需要依靠思想政治教育机制的运行来实现。

思想政治教育机制与思想政治教育制度的区别主要表现在：①思想政治教育机制是一种关系范畴。思想政治教育机制反映的是思想政治教育系统构成要素之间的相互作用关系；而思想政治教育制度在更大程度上是一种实体性范畴，表现为具有显在性特征的规范、规则、准则等。②思想政治教育机制具有明显的动态性。思想政治教育机制反映的是思想政治教育系统中的各个要素之间的动态作用过程；而思想政治教育制度具有明显的相对稳定性，表现为一定时期比较稳定的规范、规则和准则等。

（四）思想政治教育机制与思想政治教育方法

所谓思想政治教育方法，就是教育者和受教育者在思想政治教育过程中所采用的思想方法和工作方法，或者说，是教育者和受教育者为了达到一定的教育目的所采用的手段和方式。思想政治教育方法经过长期的发展、总结和积累，已经形成了一套行之有效的方法，如理论教育法、实践教育法、自我教育法、心理疏导法等。这些方法的科学运用对于实现思想政治教育目的具有重要作用。从思想政治教育方法的含义可以看出，思想政治教育机制与其有着紧密的关系。

思想政治教育机制与思想政治教育方法的联系是：①二者都具有中介的性质。它们都是实现思想政治教育目的的中介和桥梁，思想政治教育机制的建立和运行，思想政治教育方法的选择和使用，都是为实现思想政治教育目的服务的。②二者又是互为条件、互相促进的。思想政治教育机制的运行和功能的发挥，需要借助于一定的思想政治教育方法，并且只有思想政治教育方法科学，思想政治教育机制才能有效运行，其功能才能得到充分发挥。否则，其效果就刚好相反。思想政治教育方法作用的发挥，也必须通过思想政治教育机制的运行来实现。无论多么有效的方法，如果缺乏思想政治教育机制作保证，它的作用就难以发挥。

思想政治教育机制与思想政治教育方法的区别主要有两点：①二者研究的侧重点不同。思想政治教育机制侧重于对思想政治教育系统各构成要素之间的相互作用关系和运作过程的探究，主要强调的是系统构成要素之间相互关系的协调性和运作过程的有序性；而思想政治教育方法则侧重于研究教育者在教育活动中所采用的工具和手段，主要强调的是工具和手段的针对性和有效性。②二者的抽象程度不同。比较而言，思想政治教育方法主要指的是具有现实可操作性的具体工具和手段，抽象程度不及思想政治教育机制；而思想政治教育机制主要指的是对系统各构成要素之间的内在关系和运行方式的理解和把握，反映了对思想政治教育的认识由现象的描述进入本质的揭示，抽象程度明显比思想政治教育方法要高。

第三节　思想政治教育机制的主要功能

一、思想政治教育机制的导向功能

（一）政治导向作用

第一，对思想政治教育活动政治方向的引导。开展思想政治教育的目的是培养中国特色社会主义事业合格建设者和可靠接班人，在其活动进行的过程中会受到来自社会各个方面的影响。这些影响包括社会各种政治势力、政治思想、政治舆论、社会风气和传统文化等。这些因素通过各种方式和途径影响着思想政治教育活动，它们的影响或是促进或是阻碍思想政治教育活动的正常开展和思想政治教育目标的实现。面对这种影响，思想政治教育机制能够发挥其正确的政治方向的引导作用。其引导作用表现为：一方面，规约思想政治教育活动沿着正确的轨道运行，保证思想政治教育目标的实现；另一方面，当思想政治教育活动偏离正常轨道时，能够及时地调整和纠偏，引导思想政治教育回归到正确的轨道和朝着既定的目标运行。

第二，对教育对象政治方向的引导。教育对象的政治立场、政治信仰无论对于个人的发展，还是对思想政治教育的效果和教育任务的完成都具有重要影响。教育对象生活在错综复杂的社会环境之中，各种政治理论、政治观念随时都在对他们的政治立场、政治信仰产生显性和隐性的影响。在这些影响下，教育对象会选择不同的政治方向。为了保证教育目标的实现，思想政治教育机制会控制思想政治教育活动通过系统地传授科学理论、先进的思想观念和社会的各种规范，使教育对象理解和接受这些教育内容并转化为正确的政治立场、政治信仰并用以指导自己的行为，将自己培养成为社会主义现代化事业的建设人才。

（二）业务导向作用

思想政治教育机制的业务导向作用，是指思想政治教育机制在运行过程中，要为业务工作服务，在保证其发展方向时产生积极影响。思想政治教育机制的业务导向作用，首先是由思想政治教育的重要地位和作用决定的。党的思想政治教育工作是经济工作和其他一切工作的生命线，只有思想政治教育工作做好了，才能保证经济工作和其他一切工作的正确发展方向。其次是由思想政治教育工作和业务工作的关系决定的。政治和业务是统一的，业务受政治指导，政治又为业务服务，二者既不能割裂，也不能对立。当前思想政治教育就是要为现代化建设服务，脱离了业务工作的思想政治教育就会成为空谈；而离开了思想政治教育指导的业务工作将会偏离社会主义的方向。因此要坚持思想政治教育和业务工作的相互协调、有机统一。思想政治教育机制的业务导向作用主要表现在以下两个方面：

第一，引导各项业务工作自觉遵循规律。在业务工作的开展过程中，通过思想政治教育机制的运行，指导业务工作遵循规律，促进业务工作健康平稳的发展。一切业务工作，都有自身的运行规律，只有按规律办事，才能达到预期的目标。如果违背规律，工作就会出现失误甚至失败。思想政治教育机制的运行，能够引导各项业务工作认识并遵循规律，能够沿着正确的方向发展。

第二，调动劳动者的积极性。从事具体业务工作的劳动者，能否自觉发挥积极性以及积极性的发挥程度直接影响到业务工作的进展状况和效果。思想政治教育机制的有序运行，能够引导和保证思想政治教育活动顺利发展，进而实现思想政治教育对劳动者积极性的激发作用。思想政治教育机制的有序运行，能够帮助劳动者明确劳动的价值，懂得自己作为社会主义现代化事业的建设者应该承担的职责，从而勤奋工作，为社会发展创造财富。

二、思想政治教育机制的协调功能

（一）思想政治教育系统内各要素的协调作用

思想政治教育机制对思想政治教育系统内各要素的协调作用，是指思想政治教育机制在协调思想政治教育系统内各要素间的关系，使之处于良好状态的过程中所产生影响。思想政治教育系统是由各个要素相互联系、相互作用构成的统一整体，系统内的各个要素都是独立的存在，各有其独特的性质和作用，彼此之间既有相互协调、有机配合的一面，也有相互矛盾、对立冲突的一面。各要素间的矛盾，会直接影响思想政治教育活动的效果。

具体来讲，思想政治教育系统内各要素各司其职、互相配合、协调统一，就会促进思想政治教育活动的顺利进行。比如，教育主客体之间能够形成良好的协作关系，教育目标科学、教育方法恰当、教育内容合适，则整个教育活动就能比较顺利地进行。反之，则会阻碍思想政治教育活动的开展。要解决思想政治教育系统内各要素间的矛盾与分歧，使之处于相互协调配合的良好状态，保证思想政治教育活动的顺利发展，仅仅依靠思想政治教育系统各要素自身的作用是难以完成的。这就需要作为思想政治教育系统内各要素的有机结合体——思想政治教育机制，从整体全局的高度对思想政治教育系统内各要素之间的关系进行有机协调，从而促进思想政治教育活动的正常进行，达到预期的目的。

（二）思想政治教育系统与社会其他系统的协调作用

思想政治教育是社会大系统下的子系统，它除了要与社会大系统相联系外，还会与社会的其他子系统，如经济系统、政治系统、文化系统、生态系统发生这样或者那样的联系，受到这些系统的影响，思想政治教育活动的开展离不开社会其他系统的支持与配合。但是，思想政治教育系统与社会其他系统之间是对立统一的关系。要协调好思想政治教育系统与社会其他系统之间的关系，防止其他系统牵制、干扰，甚至阻碍思想政治教育活动的进行，实现它们之间的有机协调、共同发展，就需要发挥思想政治教育机制的协调作用，解决思想政治教育系统与其他系统的矛盾，处理好二者的关系，使它们之间处于相互协调、密切配合的良好状态，保证思想政治教育活动在其他系统的支持下，平稳、和谐、有序地发展。

三、思想政治教育机制的整合功能

（一）思想政治教育系统内部各要素的整合作用

思想政治教育机制对思想政治教育系统内部各要素的整合作用，是指思想政治教育机制通过调整组合思想政治教育系统的各个要素，使它们之间形成一个有机整体，产生整体大于部分之和的整体效应时所产生的影响。思想政治教育是一个复杂的系统，由众多的相互联系、相互作用的要素构成，这些要素具体包括教育者、受教育者、教育目标、教育内容和教育方法等。它们都是思想政治教育系统中不可缺少的组成部分，不仅在思想政治教育系统中处于不同的地位，具有不同的特点，发挥着各自不同的作用，而且这些要素又是相互联系、相互作用的；同时它们之间的相互作用关系也是错综复杂、不断变化的。如果各要素之间的关系是紧密、有序、协调和统一的，就能够形成思想政治教育的合力，促进思想政治教育活动的开展，产生良好的效果。反之，则会造成思想政治教育系统的内耗，降低思想政治教育的效果。

为了增强思想政治教育的效果，保证思想政治教育目标的实现，就需要充分发挥思想政治教育机制对思想政治教育系统各要素的整合作用。具体来说，就是通过思想政治教育机制运行，对思想政治教育系统内部各要素的关系进行调整、组合，使它们的关系融洽、密切配合，从而形成一个关系紧密、有序、协调，结构合理的思想政治教育系统。经过对思想政治教育系统内部各要素的整合，就能发挥整体的最大功能，实现整体效应最大化。

（二）思想政治教育系统与其他系统的整合作用

思想政治教育机制对思想政治教育系统与其他系统的整合作用，是指思想政治教育机制在对思想政治教育系统与社会其他系统的关系经过整顿、协调重新组合形成合力，实现思想政治教育效应最大化的过程中所产生的影响。思想政治教育是社会大系统中的一个子系统，它与社会的其他系统有着密切的联系，它的活动需要其他系统提供条件和协助，这就使得它必然要与社会的其他系统协调好，从其他系统获得支持。整合好思想政治教育系统与社会其他系统的关系，是加强和改进思想政治教育的重要措施。

四、思想政治教育机制的规范功能

（一）对思想政治教育主客体的规范作用

思想政治教育机制对思想政治教育主客体的规范作用，是指思想政治教育机制通过约束思想政治教育主客体的活动，使二者相互配合、共同发展所产生的影响。思想政治教育主客体是思想政治教育系统中最基本、也是最重要的因素，他们参与思想政治教育活动的积极性以及在活动中能否保持和谐的关系，直接影响整个思想政治教育活动的效果。如果思想政治教育主客体都能积极参与教育活动，在活动中形成和谐统一的良好关系，在充分履行自己职责的同时，主动地配合对方的工作，思想政治教育活动必然就会开展得有声有色，取得良好的效果；反之，思想政治教育主客体双方关系紧张，相互干扰，就会因二者能量的内耗而影响教育目标的实现。要发挥思想政治教育机制的规范作用，具体来说，就是运用思想政治教育机制的规范功能，约束思想政治教育主客体的行为，化解他们之间的冲突与对立，协调他们之间的关系，使之处于和谐统一的良好关系中，将双方的作用都充分展现出来。

（二）对思想政治教育活动过程的规范作用

思想政治教育机制对思想政治教育活动过程的规范作用，是指思想政治教育机制通过规定的标准来调节和约束思想政治教育过程中各要素之间的关系，保证思想政治教育活动健康有序地发展所产生的影响。思想政治教育活动的开展，会受到来自外部环境中消极因素的影响，比如，社会淡化政治、歧视思想政治教育等因素就会干扰教育活动。当这些干扰的阻力过大，思想政治教育活动就会偏离预定的发展轨道。这样，不仅会使思想政治教育活动过程中断，甚至还将导致思想政治教育朝错误方向运行，使预期的目标无法实现。因此，要保证思想政治教育活动在各种干扰中能够始终保持正确的方向，朝着预定目标运行，就需要发挥好思想政治教育机制的规范作用。

思想政治教育机制的规范作用主要表现为两方面：①规范教育者和受教育者在思想政治教育目标的指导下活动。教育者和受教育者都生活在错综复杂的社会环境中，各种错误思潮、错误的思想观念每时每刻都在包围并影响着他们。如果丧失警惕，错误思想就会乘虚而入导致他们的思想和行为出错，教育活动的方向就会发生改变。在这样的情况下，思想政治教育机制规范功能就能约束教育者和受教育者，使他们防范和抵制错误思想的影响，以教育目标为导向保持正确的方向。②规范思想政治教育过程各要素之间的关系。思想政治教育过程由众多的要素构成。它们之间会产生矛盾而发生内耗，内耗会使教育活动的内在动力降低，最后导致思想政治教育过程发展的速度缓慢，实现目标的时间拉长，教育效果不佳。思想政治教育机制的规范功能，能够调整思想政治教育过程各要素之间的关系，消除矛盾，形成合力，推动思想政治教育实现预期的目标。

第二章　新时期思想政治教育的体系研究

第一节　思想政治教育的理念与特征

一、思想政治教育的理念

（一）以人为本

思想政治教育中要坚定不移坚持以人为本，思想政治教育要始终贴近学生的生活实际，这样才能提高思想政治教育的实效性和吸引力，才能培养出德智体等方面均全面发展的社会主义优秀建设者和接班人。思想政治教育工作是为人的工作，所以必须坚持以人为本。要不断地坚持教育人、鼓舞人、引导人、尊重人、理解人。以人为本是科学发展观的本质和核心。以人为本作为一种教育理念要求学生思想政治教育工作在这个前提下探索有效方法，促进高校中高校学生思想政治素质的提高。

学校教育提倡以人为本，最重要的是要把培育的"人"作为一切工作的出发点和落脚点。要以学生发展为中心，所有教育教学活动都应围绕"人"的发展而实施。具体而言，思想政治教育从设置课程到教学形式、教学目标都要围绕以人为本，以学生为主体，以学习目标和学生全面发展为出发点，采取适合学生学习、能够取得理想效果的方式。

学校对学生的思想政治教育在理论和实践上都应突出以人为本。"以人为本是教育理念中的重要思想，大学教师可以根据学生的实际需要，为学生提供具有人情味的人性化的教育，以人为本就必须具有高度的工作热情，因为不同于传统机械而又墨守成规的工作方式，根据不同对象，大学教师需要使用灵活多变的方式，采用不同方式为学生提供更适合的教育"。[①] 一切工作从学生主体出发，加强学生自主教育和自身素质提升培养。突出以人为本的教学理念，设置丰富、生动的教学内容和采取直观、有效的教学形式，达到培养

---

① 胡娜．"以人为本"理念下思想政治教育的创新［J］．科学大众（科学教育），2018（12）：164．

高素质人才的最终目的。

（二）德育为先

新时代思想政治教育要自觉坚持立德树人，迫切需要全程、全方位育人。德育为先是一种工作原则和理念，是立德树人的基本方略。它强调德育有别于其他一般教育，具有先导性和引领性的作用。加强和改进高校学生的思想政治教育工作水平，就应该培育思想道德情感和意识，渗透思想道德认知和信念，塑造思想道德意志和行为。长期以来，德育为先的理念对于加强和改进学生思想政治教育工作的质量和水平都具有重要的意义，具体体现在以下方面：

第一，德育为先是德育工作的评价标准。德育为先理念为评价高校德育工作提出了崭新的评价标准和依据。德育为先理念对高校德育工作的定位更为准确，明确了德育所具有的重要地位和作用，是以人为本教育的前提和保障，同时德育为先也指明了德育发挥的统领性作用。

第二，德育为先是学生成长与成才的必由之路。道德修养是一个体味内化道德的行为过程，是让道德知识、道德理论与道德实践相结合的过程。国家坚持德育为先的原则，不懈地对学生进行社会主义核心价值观教育，目的是培养出符合中国特色社会主义现代化建设事业所需要的合格人才。通过以社会主义道德为重要组成部分的思想道德的学习，学生会自觉传承优良道德传统、恪守公民基本道德规范、树立正确的道德观，按照社会主义道德的要求完善自我。

二、思想政治教育的特征

（一）思想政治教育的主体特征

1. 人格独立特征

哲学的基本范畴是存在，物质与精神的高度统一是存在的方式，通俗来讲就是生活方式。人的生活方式在经济性质的转变中发生了巨大的变化。人的个体独立性得到充分发展，人对人的依赖度逐渐消失，取而代之的是人对物的需求逐渐扩大。当社会主义市场经济成为主流时，企业和个人不再是以往的人身依附关系，二者互相独立，由此个体的平等意识得到发展，经济发展中的主体特性日渐突出，学生的思想势必会受到这一发展变化的影响。如今的学生个人主体意识逐步提高，他们突破了自我认识的局限，自我独立的意识进一步发展，从而开阔视野，增强法律意识，且追求前卫，张扬个性。学生还可以利用课余时间做兼职，学生经济自主化也日渐凸显。

在市场经济的环境背景下，人们的生产活力因为竞争机制的引进而再次高涨，也就意味着生产力和生产关系的解放，从而带动上层建筑和文化方面的繁荣发展。同理，人们的谋生方式因为就业机制的改变而选择多样，在一定程度上改变人对社会、国家的依附关系，增加了民众的自信和自由度，这也从根本改变了人们的思维方式。

2. 网络依赖特征

随着科学技术的迅速发展，人们的生活方式因受到网络新媒体的影响正发生着改变，无论是沟通方式还是知识的获取，都与原来不同。网络技术逐步成为一种新型的信息传递途径，而学生必然走在前列，成为新兴技术培养出来的新人才，他们迅速适应科技生活，熟练使用科技涵盖的各类软件及机器，购物方式也是依赖于网络。是否会使用微博、微信等交流方式，成为判定时尚的标准。

由于学生对于网络的依赖性，对学生的思想政治教育也随之提出了新的要求。但是，网络媒体缺乏必要的指导和监督，以至于网络文化鱼龙混杂，因此，净化网络环境势在必行。学生的生活因为网络而逐渐趋向于虚拟化，不仅仅是生活的虚拟，还有人物的虚拟，这都在一定程度上影响着学生的生活。在网络中，学生的性格特性被无限放大，于是他们便越来越追求自由开放，以至于对现实生活的关注度逐渐下降。这表明了网络文化精神家园建设的必要性，同时也在呼吁人们，应加大互联网的积极文化和创新精神的发展力度，进一步传播健康积极的思想文化，将网络转变成宣扬社会主义先进文化的新阵地，为学生良好品质的培养提供广阔的空间。

（二）思想政治教育的环境特征

1. 多元化特征

思想政治教育环境呈现多元文化的特征，形成传统文化、现代文化等多文化并存的多元格局。随着对外开放程度的不断加深，政治、经济、文化三方面的相关体制改革同步进行，使得社会结构复杂化，逐步形成了思想文化多样、阶层利益多元、文化环境复杂的局面。而在该社会结构的推动下，学生的思想受到社会思潮的影响愈发严重。

2. 国际化特征

由于世界各国教育之间的交流愈来愈频繁，合作的内容越来越广泛，思想政治教育也在该过程中受到国际发展形势的制约。在教育国际化的大环境下，虽然各国思想教育的内容各不相同，但是其中心都着眼于对本国文化精神各方面的认同，以及明确个人对于社会、家庭之间的责任，从而使得行为举止符合社会基本道德标准，完成从"自然人"到"社会人"的转变。由于社会历史、环境、人文的不同，思想政治教育实施的方法迥异，形成各自鲜明的特色。西方国家重视实践养成教育，其主要以学校教育为主，辅助以家庭、社会、企业以及传媒等途径，为社会培养合格的公民。而东方社会主要强调内在的修养，同时倡导政府主导的道德教育，他们的思想教育是客观性和显性并存的，通过兼收并蓄，吸纳优秀的精品文化，并给予传统文化大力的支持，从而加强青少年的思想政治教育，由此便形成了独一无二的东方文化传统和精神品质。

第二节　思想政治教育的目标与发展

一、思想政治教育的目标

目标是一种预定的计划，是一个设定的标准，是一个努力的方向。随着思想政治教育的不断改革，重新定位思想政治教育目的，在今天具有十分重要的现实意义。

（一）思想政治教育目标的构成元素

1. 政治目标

对于我国的历史和国情要了然于胸，对于我国传统文化的优秀之处要加以发扬和继承，不忘初心，坚持共产党领导，继承先辈的革命斗争精神和传统，坚决维护祖国统一和民族团结，将祖国的利益和荣誉放在心中首位。具有献身祖国、报效人民的思想觉悟，坚定拥护党的领导和国家的政策方针，做忠诚的爱国主义者。

2. 法纪目标

"从中国的国情出发，深入剖析法治文化建设的思想渊源，是新时代法治文化建设的关键。"[①] 法治文化是人们在法治实践中形成的、体现着法治精神和理念、原则和制度、思维方式和行为方式的一种与法治文化相对立的文化形态。学生要致力于弘扬全民民主法治的风气，自发学习我国宪法，能够做到正确行使公民权利，维护公民利益，履行公民义务。

从根本上培养高校学生的法律意识，教导学生做到自我约束、自我管理，能够运用法

---

① 郑英伟. 新时代法治文化建设的思想渊源研究［J］. 经济师，2022（04）：59.

律武器做出正确的判断和决策。

　　培养学生克服困难的勇气和承担挫折的能力，在内遵守校规校纪，在外遵守社会公德和法律法规，自觉主动帮助维护学校和社会的正常公共秩序，深刻领悟法治社会的建成需要每个人来努力，要让法治变为信仰融入高校学生的思想道德教育中去，才能让思想转化为实际行动，让法纪素质教育贯穿始终。

3. 道德目标

　　以集体利益为最高荣誉，个人利益要服从于集体利益，坚信团队合作的重要性和必要性；吃苦耐劳、勤俭节约，在生活学习工作中做到艰苦朴素，享乐在后；遵守法律，热爱国家，懂礼貌，讲诚信，为人团结和睦；积极进取，思想要具有正能量，用乐观豁达的心态面对生活，对于事业和学习要充满干劲，秉持着严肃认真的态度，能听进各方的意见和建议，吸取批评中的精华，努力完善自己的道德修养。

4. 心理目标

　　心理素质是一个人心理过程和心理特征的体现，是衡量每个人在情感、意志、性格、行为等方面的综合标准体系。"良好的心理素质是培养高尚思想情操的基础，是具备高水平文化素质的基本保障。"[①]

　　培养学生形成坚强、自爱的性格，增强他们的抗打击和受压能力，使其具有比较好的自我调节能力，这将有利于高校学生未来的工作、事业、婚姻、家庭等，保证他们在遇到挫折时可以不丧失勇气和信心，不断努力去改善困境，拥有良好的心态，从而拥有良好的人生。

（二）思想政治教育目标的设置要求

　　从宏观角度而言，思想政治教育要契合党的教育方针和国家人才培养目标，切实转变观念，在推动人才培养质量提升的过程中，进一步发挥思想政治教育对于人才培养的引领作用。当前的重点是需要进一步凝练理想信念教育主题，引导广大青年学生践行社会主义核心价值观，树立"四个意识"，增强"四个自信"，实现"四个正确认识"；引导学生树立中华民族伟大复兴的中国梦，并积极为中国梦的实现而努力奋斗。

　　从中观角度而言，思想政治教育要契合学校发展目标和学校特色。学校要找准思想政治教育在学校人才培养中的定位，融入学校人才培养的整体格局。每个学校在长期的发展

---

① 陈希，秦玮. 浅谈学生心理素质教育中存在的问题及对策 [J]. 当代教育实践与教学研究，2017，（09）：209.

过程中，逐渐形成了具有自己历史传统的办学目标和人才培养特色，在学生培养的具体目标上，各有其特色和重点。因此，学校在制定思想政治教育目标时，要和学校自身实际相结合，正确处理思想政治教育与教学、科研等之间的关系，在贯彻党的教育方针、坚持"德育为先"的基础上，努力凸显学校的办学传统和育人特色，从而使培养的人才体现学校烙印和风格。

（三）思想政治教育目标的设置原则

1. 遵从现实性原则

现实性原则是指学校开展思想政治教育时要遵循实事求是的原则，要在实事求是思想的指导下，考虑学生的实际状况、需求及实际的学习条件，然后给他们确定适合的政治教学目标。现实性原则和党的实事求是思想路线是完全吻合的，实事求是就是指人们对客观世界中事物客观规律的研究与探索，思想政治教育活动的开展离不开现实的支持，在这样的情况下，坚持现实性原则走实事求是的思想道路是思想政治教育的必然选择。很多教育都需要依托于现实，很多教育的开展没有办法超越现实。

思想政治教育的现实性原则使用要求如下：

（1）深入实际展开研究，将教学目标和时代精神相结合，避免主观性的影响，避免盲目性的影响，也只有这样，思想政治教育才能在现实方面产生更深远的影响，才能指导学生的现实行为。

（2）注重理论知识和实践活动之间的关联，也就是要做到认识和实践相互统一，主观和客观相互统一，只有做到理论认知和实践之间的深入融合，学生才能设定出符合当下时代精神的发展目标。

（3）与时俱进，聚焦未来。在时代、社会环境快速变化的情况下，学生的思想也必然处于动态变化过程中，考虑到学生未来的发展变化，在此基础上，结合当下的现实条件不断调整目标。

2. 遵从层次性原则

层次性原则是按照学生的思想状况以及学生的发展需求把学生分成不同的层次，并为每个层次的学生设置思想政治教学目标。当代社会中教育人才主要包括：职业者、专门人才、社会精英、创新人才及高素质劳动者。层次性原则要求针对不同的教育人才使用不同的教育标准，根据他们的能力将教育目标分解，最终设置出适合他们所需的，以及适用于他们学习能力的教学目标。

层次性原则是相对科学、合理的，因为它考虑了学生成长环境的不同、接受能力的不同、道德品质的差异、性格特点的差异，以及自身理论知识储备水平的差异，正是因为考虑到这些差异，所以，教学的开展更应该做到精准化，更应该因材施教，这样学生的个人潜力才能得到更好的发挥。

思想政治教学开展的过程中，一定要结合当下学生的思想状况去设置教学目标。但是，不同的学生又存在较大的差异，在这样的情况下，如果想要实现大众化教育，那么就必须将学生分类成不同的层次，然后分层次的设置适合他们的教学目标。

思想政治教育的层次性原则使用要求：①从实际出发，结合学生当下的思想状况开展精准化的教育，思想政治教育想要获得实际效果，那么必须结合学生当下的认知状况、思想状况、身体状况、心理状况，为他们设置适合当下需要的教学目标；②教学目标的设置要体现先进性特点、现实性特点，这样才能助推学生全面发展；③为学生的学习提供和谐自由的学习环境，这样的环境可以实现学生的全面发展，也可以让学生彰显自己的个性。

二、思想政治教育的发展

（一）精细化发展

1. 坚持问题导向

（1）以学生需求为核心。以学生需求为核心，就是对"以人为本"思想的实践。思想政治教育工作者要善于发现学生的"问题"，这个"问题"往往就是学生由于某方面因素而导致的外在的表象，是学生的某些"需求"没能很好满足。

思想政治教育工作者，可以对学生的需求满足状况进行分析，查找原因，找出学生存在问题的根源，将工作做细；只有这样，才能找准学生问题的症结所在；只有这样，才能真正提高思想政治教育的针对性和有效性。而这样的工作思路和路径，正是促使思想政治教育符合教育本身规律、实现科学化提升的基础条件。

（2）整理共性特征。坚持问题导向是以学生问题为指引，分析其产生原因，并提出合理有效的解决办法。学生个体多元化的特征，决定了学生存在问题的多样性和复杂性，但学生作为一个群体，意味着这些问题必然具有共性特征，可以进行分类和整理。在工作对象细分的基础上，挖掘学生群体里的共性问题。如新生归属感的问题、毕业生就业困难群体的问题、农村学生问题、贫困学生问题、少数民族学生问题等；在工作领域细分的基础上，挖掘细分领域里的共性问题。从实际出发，以社会生活焦点、思想观念疑点、大众舆论重点作为切入点，以问题为导向，在事务性的具体工作实践中探寻规律性，将发现问题、研究问题、解决问题作为思想政治教育的逻辑起点及落脚点。

（3）固化工作机制。思想政治教育者要注重理论和实践相结合，不仅用理论指导实践，还应该从实践中总结提炼理论。在对问题进行分类整理后，要对问题进行深入研究。认真仔细分析问题产生的原因、问题涉及的对象特征等，有针对性地提出解决问题的方法。但解决具体问题应该总结掌握同类问题的规律性，科学地归纳出解决这类问题的基本方法，并进一步提升建立相应的工作机制。精细化意味着科学化、程序化、规范化，固化工作机制，让教育者通过完备的规章制度的导航和规范，用规章制度确保规范化和法治化的实现。

（4）进行深度辅导。"深度辅导"是心理学上的用词，在思想政治教育中也可以借鉴心理学深度辅导的做法，树立以问题为导向的精细化理念，建立思想政治教育深度开展的工作模式，例如，教师者团队合作对工作对象提供全方位的辅导和支撑，把教育引导工作做细、做深，做到极致，从而可以更加准确地把握思想政治教育中面临的课题的症结，理清脉络、对症下药，追求优质化成果，并在实践经验的基础上不断推进理论研讨，逐渐形成一套较为完善的操作规程和辅导理论，不断提升专业理论水平与实践能力，培养相关领域的专家。

2. 专业化细分

思想政治教育的专业化细分是指对思想政治教育的工作目标、工作内容、工作对象、工作载体、工作方法等的分门别类，根据不同情况，采取各有针对性的举措，从而使思想政治教育对目标、内容、对象、载体和方法等有更深入了解，能更熟练、更专业、更有针对性地开展工作。思想政治教育目标宏观上是"培养社会主义建设者和接班人"，中观上是培养具有高校特色的"高素质人才"，而在微观上，就辅导员工作来说，则需要一项一项地推进，将宏观和中观目标进行分解。

3. 多学科协同育人

随着学生的需求越来越多样、丰富和个性化，学生工作的内容越来越丰富，涉及的领域越来越广，思想政治工作日益发展成为多维度、多类型、多层次的有机整体，在解决具体问题时需践行协同育人，要加强多学科支持、多领域知识运用、多资源整合，注重新方法新技术的运用，将多学科知识、方法、平台、资源予以整合优化。

学生思想政治教育应该遵循科学性，结合教育学、心理学、社会学、管理学等相关学科的科学规律，来分析了解学生成长的规律、学生教育的规律以及思想政治工作的规律。所以，辅导员开展工作必须依赖于相关知识的积累，辅导员必须获得思想政治教育相关专业科学的专门知识，知识越多，专业性越强；同时，辅导员还必须具备"百科知识"，知识越广博权威性越高，越能获得学生的认同。高校辅导员职业是一个知识密集型行业，从事学生思想政治教育、管理和服务的辅导员，必须具备相关学科相应的知识。

随着时代的变迁和学生群体特征的变化，学生思想政治工作的复杂性和综合性不断增加。面对一个复杂问题，单纯依靠思想政治教育本身往往无法解决，要善于吸收和借鉴管理学、社会学、法学等领域的研究和工作方法，甚至需要社会上专业力量的介入，共同研究解决方案。

思想政治教育的跨学科组织应用，就是以任务、项目为导向，组织工作团队。将不同学科背景、不同工作领域、不同工作经历、不同年龄段的辅导员组合在一起，实现优势互补，从而形成一个跨学科的工作团队。比如在学生危机事件中，既需要心理辅导员，也需要危机公关专业人士，可能还需要法律顾问、网络监管人员等，如果能将具备这些专业能力的辅导员聚集到一起，这样的团队必将极大提升工作执行力。

（二）个性化发展

个性化，就是根据人们个体差异，在大众化的基础上根据个体特质的需要，形成独具一格、别开生面的状态。思想政治教育的个性化，是根据实际教学对象的自身信息，量身定制教育目标、教育计划和辅导方案，从而促进思想政治教育为被教育对象更好接受、认同和转化为行动。

当代学生思维活跃，他们行为的独立性、选择性、多变性、差异性也明显增强，以网络语言为例，现在"原创""转载"等张扬个性、表现风格的词一直比较流行。我们要充分认识到这种变化，尊重他们的多样性。由于受到家庭氛围和社会因素等的影响，每个学生的成长轨迹都不尽相同，性格特征、兴趣爱好、行为习惯、价值取向和人生规划等也千差万别。他们都有自己的想法，也有表达自身想法、张扬自身个性的权利。在思想政治教育中，个性化强调具体问题具体分析，而不应该按照一个模式、一种方法来开展工作：强调了解当前学生自身发展的新期待、新需求，承认学生的个体差异，尊重学生的个体需求，发掘学生的个性潜能，注重学生的个性弘扬，开展分类指导，提高思想政治教育的实效。

1. 尊重主体精神

思想政治教育，是一种人的参与的活动，参与其中的人就是主体。强调思想政治教育的个性化发展，要强调和凸显参与其中的主体的主体性，也叫主体精神。在中国语境中，主体性、主体精神、主体地位、主体价值这些词往往是同义或者近似的，都强调对于主体的尊重，强调发挥主体的能动作用。

思想政治教育中，强调主体精神，就是强调辅导员和学生都要积极发挥主观能动性，意识到自我的主体参与，积极创造条件完成思想政治教育这一实践活动。在当前思想政治教育日趋繁重、日益多样化和专业化、精细化的情况下，不仅要强调学生的主体精神，也要强调辅导员的主体精神。

（1）尊重和发挥学生的主体精神。尊重和发挥学生的主体精神就是要调动起学生作为思想政治教育活动主体或者说主人翁的意识，不仅作为受教育者，而且作为教育实施者，应主动策划任务、实施任务、保障任务完成；应积极、能动、创造性地参与教育过程，促进教育过程的顺利开展、有效开展和有特色开展。为此，要注重发挥学生的主人翁性、积极性和创造性。

（2）尊重和发挥辅导员的主体精神。辅导员是思想政治教育工作的主要实施者，其个性化直接影响工作理念、工作思路、工作载体、工作方法和工作成效。因此，尊重和发挥辅导员的主体意识，强调其主体精神就具有重要的现实意义。

学生思想政治教育工作有很强的政治性和政策性，要求辅导员应当严格贯彻党的教育方针，认真落实各项教育政策，积极地将思想政治教育的要求落到实处，切实促进学生树立社会主义核心价值观。因此，从这一点上讲，辅导员工作是不能随意"发挥"的，无论教育内容还是活动主旨都应当紧扣思想政治教育的要求，辅导员可以创新、创造的空间主要在于教育的方法、形式、载体、手段、平台等方面。辅导员不仅可以创新，而且应当不断创新，要将思想政治教育工作常做常新。所以，在实践中，要允许和鼓励辅导员按照党和国家要求，按照学校要求，围绕育人目标，在思想政治教育活动的策划、组织、过程控制，思想政治教育的具体内容、平台、载体等方面进行专门的设计，体现出新意，增强吸引力和感染力，增加教育活动的生动性和互动性，从而增强育人效果。

2. 尊重个体差异

尊重个体差异，就是需要因材施教，体现层次差别。个性化的工作方法强调尊重教育对象即学生的主体地位，结合学生的实际情况和个体差异，尊重学生的个人秉性、专业背景、认知水平、学习能力、自身素质等方面的个体差异。学生工作要从实际出发，要根据工作对象、背景条件、环境特点、教育目的等实际情况，从对象的不同个性和成长规律出发，因人、因时、因地制宜，实施不同的教育内容，采取不同的教育方法，具体问题具体分析，把工作做到每个人的心坎上。

在目标设计等方面体现层次差别。由于个性的差异，每位学生想要的人生目标各不相同，有的想在专业领域做出一番成就，有的想锻炼自己全面发展从而更好适应社会，有的就想出国深造体会不一样的文化，也正是由于个性的差异，思想政治教育开展的过程中，我们对每名学生的目标设计也应该体现出层次差别。如喜爱钻研、动手能力强的同学，可以鼓励在科技创新方面有所建树；学习成绩优异，热爱科研的同学，可以鼓励到国内外知名学府学习，在专业领域实现自己的理想；学习成绩一般，但人际关系特别好的同学，可以在组织、协调和领导能力方面多加锻炼。

（三）人文关怀发展

1. 注重人文关怀

人文关怀，主要体现在以人为本，关注学生的发展和需要。"人"是思想政治教育的出发点与归宿。推动思想政治教育走向人文关怀，首先要承认并尊重学生是具有独立人格的人、完整的人、能动的人、创造性的人。把思想政治教育作为一种关怀学生，为学生服务的工作，关心学生内心的感受，关注学生生活细节，关注学生需求，善于把握学生思想变化、心理波动、学业困难、生活现状等，将思想政治教育做细、做活，弘扬学生的主体性，促进学生全面发展。

思想政治工作说到底是做人的工作，需要"情"和"理"并用，以真挚的感情启迪人，情理交融，循循善诱，坚持以人为本。关注"现实的人"，从现实的人出发，从人的现实需要出发，并最终回归于人，回归于人的发展上来，才能真正提升思想政治教育的实效性。

尊重学生，要避免居高临下，以师长的姿态来教育学生，以刺激性词汇来管教学生。要避免对学生进行分级分层，避免标签化管理，要善于发现每个学生的闪光点，客观公正看待每名同学。保护学生尊严，对家庭经济困难、学习困难、后进生等特殊群体的学生要注意隐私的保护，帮助他们克服欠缺的方面，不断完善自我。

2. 渗透式学生发展教育

学校培养学生全面发展，搭建多样化的育人平台，为学生构建了丰富的第二课堂活动，使学生能够自主性学习。校园文化活动通过对活动的合理设计，运用多种学生喜闻乐见的方式，让学生积极主动地参与活动，享受活动。在愉悦的氛围中，与思想政治教育相关的因素如人生哲学、伦理规范和理想道德等，会以一种渗透的方式浸润学生，使学生在温馨愉悦的氛围中成长。

社会实践在学生培养中有着非常重要的作用，不同于大学专业知识及技能等方面的培养，社会实践对学生综合素质的提高发挥着潜移默化的影响，其作用不可替代。将学生个体置于整个国家与民族的背景之下，置于历史与时代的维度之中，社会实践对学生在更大范畴上具有意义，在更广义的高等教育中扮演着角色。

学生作为即将进入社会并在未来发挥重要作用的群体，通过参与社会实践活动，将个体与社会更为紧密地联系起来。社会日新月异的进步与民族复兴道路上发生的深刻变化，使他们获得亲身经历甚至参与创造的机会，其参与感与自豪感会让他们切身体验到国家在党的带领下所创造的辉煌成就，爱国的情感和承担民族复兴重任的使命感随之而来，形象且深刻，这将成为学生努力学习积极回报社会等正能量行为的动力。通过参与丰富多样的社会实践，学生的社会阅读能力和解决实际问题的能力会得到充分的发展，其对理想和价值观的认识也不再抽象与片面，从而坚定当代学生对其远大理想的信念和自信。在行知结合中，学生原本相对稚嫩与单一的世界观不断成熟和完整，优秀的品格和个性在与外界的互动中形成良性的正反馈。

第三节　思想政治教育的价值及其体现

一、思想政治教育价值的解读

价值是人的需求与满足这种需求所需要的客体属性达成的交接点。主体与客体是肯定关系。主体和客体决定了价值，同时价值还会因为主体的能动性，相应地改变客体的历史性。

价值在思想政治教育方面体现出教育的有用性，讨论思想政治价值含义的前提，必须是将思想政治教育当中的主客体，通过正确的价值观联系起来，从而正确地构建它们的关系。社会由人组成，人是社会的主体，也是思想政治教育的主体。人们在社会中不可能脱离集体而存在。因为人是社会组成的一部分，与社会相一致。

主体和客体是一个相对的概念。主体的认识以及实践都是通过客体展现出来的。思想政治教育，可以从三个方面定义主体的地位：①通过物质或精神的分类，来划分对象；物质主要表现在教育环境、条件等方面；精神主要表现出教育的目标、内容以及原则等。②通过性质可以将教育的主体分为个人和社会的。③通过来源可以将主体分为本身的主观世界以及之外的客观实践。主体本身是能动的，是通过不断的认知和评价进行自我教育的，因此，主体也可以包含在客体之内。就是说主体在一定条件下，可以转化为思想政治教育的客体。

思想政治教育的主体需要和客体功能，无法通过思想政治教育的价值来满足，而是需要根据主体与客体之间的隶属关系，通过交互作用，让思想政治教育的价值充分体现，将它们连接起来。思想政治教育的价值通过主体和客体之间的互动逐渐形成，思想政治教育，不但能够将主客体的关系相互连接、统一，同时也能够把人的主体地位和思想政治教育逐渐向人趋近的方向连结。通过这种实践，让主体逐渐形成对于能量交换、信息交换、物质交换等层面的认知，并逐渐满足主体需求，从而实现二者关系的有机统一。

二、思想政治教育价值的特点

（一）潜在性与显在性

思想政治教育本身是一个潜移默化的过程，通过长久的受教育来让自己的思想发生改变，从而影响自己的实践行动。这种潜移默化能够从开始的隐性教育到最后通过自己的行为习惯来展现出来，成为显性行动。这就是思想政治教育的价值存在的潜在性与显在性。

人们正因为这种思想政治教育，通过掌握教育的内容来形成科学的正确的思想价值观念，从而引导人们通过实践行动来创造自己的物质财富和精神财富，让思想政治教育逐渐体现出外在的价值。思想政治教育能够引导青少年长久进步，在思想上让自己的精神内核不断成长，通过不断地潜移默化的影响，最后影响到行为习惯，将思想政治教育完全外化展现出来，成为对社会有用的人。

（二）直接性与间接性

思想政治教育价值具有直接性，也有间接性。直接性是指通过思想政治教育，能够影响受教育者从思想根基上发生一系列改变，思想政治教育能够通过这种观点的输出，直接将一些观念和规范传授给受教育对象，并通过有计划和有组织的影响，提升受教育者的思想水平，让他们形成符合社会需要的思想体系。思想政治教育也能够让人们的思想产生变化，通过间接影响来改变受教育者的行为。因为思想政治教育是一个复杂的转换过程，从认知理论到执行，通过将学习到的思想转化成行动的复杂步骤。通过正确的思想转化，人们就可以用正确的行为将行动转化成精神财富和物质财富，从而推动社会发展。

（三）短期性与长期性

思想政治教育的活动，具有针对性和现实性的教育意义，比如在实践活动中，受教育者能够通过教育内容，触动自己的心灵，从而激发自己思想的变化，逐渐将意识转化为行动，进而成为对社会发展有促进作用的个体。

思想政治活动，可以通过这种短期活动对主体产生良好的教育效果，同时，除了短期活动的教育效果外，受教育者需要长期坚持，来不断地将学习到的内容逐渐内化与外化，转换成自己长久的行为习惯。

思想政治教育效果的长期性是指思想政治教育的效果能够对个人与社会产生长远影响的属性，思想政治教育通过让受教育对象从思想、情感、能力、品质、意志和认识等方面综合提升，让思想政治教育逐渐向满足社会发展需求的方向转变，通过社会整体的需求，向个人的精神世界转变就是内化的过程。

三、思想政治教育价值的类型

（一）直接价值与间接价值

第一，直接价值。直接价值是通过思想政治教育活动，直接影响、满足社会和自身的发展需求，通过将正确的思想品德内容传递给受教育者，让他们的精神状态发生积极改变。对于受教育者，提升综合素质、激发综合潜力、调动积极性和创造性，能够体现出思想政治教育的直接价值。

第二，间接价值。间接价值是受教育者不能单纯从思想政治教育中直接满足社会和自身发展的需求，而是需要通过学习思想政治教育的理论知识，将自己的精神动力逐渐内化，并使其转化为自己的物质财富，来对社会的发展有促进作用。

思想政治教育能够通过社会实践活动来影响和引导受教育者，形成正确的世界观、价值观和人生观。这是思想政治教育的直接价值，但是思想政治教育也具有间接价值，就是通过思想政治教育活动来间接为社会的发展进步提供助力。

思想政治教育直接和间接价值是辩证统一的关系。直接价值是基础，而间接价值是直接价值的综合反应。直接与间接价值之间的关系密切又复杂，需要通过思想政治教育将两者有机结合。

（二）理想价值与现实价值

思想政治教育的理想价值是指有实现可能性的价值，它高于现实价值，具有超前性和导向性的特点；思想政治教育的现实价值是将目前已经实现的和正在实现过程中的价值，转化成让人们能够感受到有用的价值。

思想政治价值能够将理想和现实形成相互促进、相互联系的关系，它们之间辩证统一。思想政治教育，可以为受教育者的精神提供理论支持，同样也可以为现实价值提供有力支持，虽然教育也许不能直接解决现实问题，但是却能够为解决现实问题提供有力的理论基础。

思想政治教育具有的理论价值以及现实价值，需要通过人们正确地处理平衡二者的关系。受教育者需要通过日常教育，让思想政治教育理论为他们解决现实问题提供帮助；同时，思想政治教育也需要将理想价值作为目标，正确的引导受教育者树立自己的人生观，两者的有机结合，才能够将思想政治教育的价值最大化。

(三) 目的性价值与工具性价值

第一，目的性价值。目的性价值是通过正确引导，让受教育者在发挥自己主观能动性和创造性的同时，主动认识到自身发展需求，最终成为全面综合发展的社会公民。思想政治教育从阶级性和实践性出发，通过将受教育者的意识形态，达到与社会发展相结合的教育观，来达成社会管理和阶级统治的需要。目的性价值，就是将个体作为主要的主体，通过思想政治教育来满足个体精神层面的需求，通过提升思想政治素养来达成对于人类精神世界的构建。

第二，工具性价值。工具性价值是一种巩固阶级统治的工具，通过将传播意识形态作为主要手段，将工具性价值作为价值教育当中的主导地位，体现思想政治教育的内核。

工具性价值和目的性价值，这两者之间相互都有着支配和制约的作用。这两者能够在思想政治教育的实践当中进行有机的统一，这两者不可分割。

四、思想政治教育价值的体现

社会价值是思想政治教育，通过传授教育内容，逐渐将社会文化、政治及经济建设通过教育而积极地构建起来，从而让思想政治教育获得客观存在的社会价值。这与一些社会的文化、经济和生态的现象具有一致性。教育发生了作用，呈现出对社会方方面面的价值，因此这也是思想政治教育具有社会价值的形态体现。

(一) 文化价值的体现

思想政治教育在培养创新型人才方面起到了很大作用，也促进了广大人民群众积极投身物质和文化生产建设中，推动精神文明建设，此外，还可以丰富理论知识内容。思想政治教育的教育者在传播思想政治观念、价值观过程中，会结合当前社会实际情况及自身的教学经验吸收优秀文化，自觉抵制腐朽落后的文化，向受教育者传播最新的思想和理念，确保符合社会主义核心价值观的要求，同时，也完善了原有的文化体系。思想政治教育在教育学科中具有特殊性，因为它能够影响人类的生活方式和价值观念，通过改善人们的知识结构来影响人们在生产和生活当中的行为习惯，对更新人类文化结构也起到了一定创造作用。

思想政治教育在文化选择方面的价值主要有两个方面：①正面的选择主要是吸收积极的文化，筛选与思想政治教育价值观相同的内容，将这些先进思想纳入教育中，丰富思想政治教育等组成部分，并在后期发展中继续继承、不断弘扬；②反面的排斥主要是排斥与思想政治教育导向不符的内容，对有害的劣质文化加以抵制，从反面推动思想政治教育发展。

文化包括主流文化和非主流文化，通过丰富的内容和表现形式，能够为人类社会的发展提供最宝贵的历史精神财富积累，但文化也有糟粕。无论是物质方面的文化还是制度和观念方面的文化，不论何种形态文化，只要与思想政治教育的最终目标与内容一致，思想政治教育都应该积极选择和吸收，促进积极文化发展，使它们拥有更广阔的发展空间。

我国社会主义文化的繁荣和发展，离不开思想政治教育的推动。要把我国建设成为文化强国，思想政治教育应该不断取长补短，筛选各种文化，吸收有益内容。通过各种文化现象和因素，通过科学的鉴别、分析和筛选，加以文化的继承和利用。

（二）生态价值的体现

"思想政治教育的生态价值就是基于自然生态的价值属性，通过思想政治教育改变人的行为模式、调解人与生态的关系，从而体现思想政治教育活动对于生态的意义关系。"①因此，让全民形成环保意识和节约意识，对生态环境也有正确的保护意识，形成良好的合理的消费观念，共同营造良好的社会风气。让人们在良好的生活环境下，为生态作出自己的贡献。

思想政治教育在引领生态思潮促进生态文化创新方面也是重要推动力。工业化发展让人们对自身所处的环境和不断恶化的生态有了更清晰的认识，人类要面对的生存危机也日益凸显，在危机中形成了多种生态思潮。这些生态思潮主要通过重新审视人类文化，批判一部分思想文化，从思想上寻求生态危机产生的根源，也就是社会文化和价值观方面的问题。

人与自然的和谐发展，人类社会协调可持续的发展是全人类的共同追求，也是最终的

---

① 唐华，林爱菊. 思想政治教育生态价值的实现路径 [J]. 教育理论与实践，2018，38（24）：32.

发展目标。中国特色社会主义中生态文化是关键的一部分，最终目标是要实现人、自然和社会的协调发展，这既是人类历史发展势不可挡的趋势，也是先进文化的要求。思想政治教育立足于当下，紧跟时代发展步伐，在生态文化建设方面，始终坚持创新，遵循生态文明建设原则。这样做的目的是让受教育者明白生态文明建设的价值，认识到自然界不仅可以为人类提供物质所需，还可以满足人们在科学、审美、文化方面的需求，具有极大的精神价值。一定要充分发挥思想政治教育在文化创新方面的作用，以科学发展观为指导，从古今中外的生态文化思想中吸取合理的部分，人民群众在生态文明建设过程中的经验也值得借鉴，可以总结和提炼，使生态文化朝着创新方向发展，在未来发挥更积极的作用。

第四节　思想政治教育的方法与创新

一、思想政治教育的基本方法

思想政治教育基本方法是在思想政治教育过程中起主导作用的、其他方法不可替代的方法。"当代大学生作为一个时代的先锋和标杆，他们的身上肩负着我们这个时代的使命，对整个时代的发展都有着十分重要的意义。因此，高校大学生思想政治教育应该在时代定位、目标要求和方法手段等诸多方面做出积极的有针对性的应对，其中大学生思想政治教育发挥作用的关键因素是教育方法使用得当，新时代思想政治教育方法的创新，有助于增强大学生思想政治教育工作的实效性，从而为中国特色社会主义事业的发展培养合格的建设者和可靠的接班人。"[1]

（一）理论教育方法

理论教育方法用来培养人的思想政治素质，其就是讲解和学习理论知识，使教育者和受教育者的人生观、世界观和价值观都有正确的方向。人的思想和理论会在一定程度上左右人的实践活动，而这些思想或理论也许是正确的，也许是错误的，但人的实践活动一定会受其影响，这就是人和动物之间存在的根本区别。思想和理论与人的实践活动密不可分，人要实现的目标和前进的方向都要依靠思想和理论加以指导。人们所学习的思想和理论会成为标准和规范，同样也是一种精神力量。人们只有在实践中学习思想和理论，才能

---

① 任金凤. 新时代大学生思想政治教育方法的创新研究 [J]. 经济师，2021（12）：182.

产生这些精神因素，它们无法凭空出现，思想政治教育中不可或缺的一部分就是思想和理论教育。

（二）实践教育方法

教师可以通过实践教育方法有目的、有计划地参与到社会实践活动中，提升自身的思想意识。人的意识存在于人的头脑中，其所反映的既有社会环境，也有客观事物。如果思想正确，那么对二者的反映就正确，如果思想错误，那么对二者的反映也是错误的。而实践是人们接触事物现象的唯一途径，也只有在实践中才能够看到事物的本质，找到事物的规律，从而产生正确的思想。

学生只有通过社会实践才能树立远大的理想，才能有正确的人生观、世界观和价值观。正确的思想通常都来源于社会实践。思想和理论服务于实践，但实践又是二者的基础。人可以完成世界上的任何事情，但思想却左右着人的所有活动。人只有依照正确的思想才不会偏离轨道，才能做出正确的行为。人们的道德和崇高的理想都可以在思想政治教育的引导下实现，它的存在就是为了帮助人们找到正确的方向，为人们在社会实践中遇到的问题提供正确的解决方式。此外，只有通过社会实践才能真正地检验出人头脑中的观念和主张正确与否，只依靠人们的判断是无法做到的。

二、思想政治教育方法的创新

（一）思想政治教育方法创新的原则

"思想政治教育现代化是一个动态过程，利用当前先进思想和技术不断变革的思想政治教育的各个要素，以适应社会和人的现代化发展要求。"① 学生思想政治教育方法现代化的路径有很多，关于学生思想政治教育方法现代化的认知标准也很复杂。学生思想政治教育方法体系内容十分丰富，针对不同的问题可以采取不同的方法，但是不论何种方法，其内在发展规律决定它们坚持的原则是一致的：

1. 整体性原则

在选择学生思想政治教育方法的时候，要坚持整体性原则，高瞻远瞩，从全局出发，抓住关键环节，使学生思想政治教育活动的各个环节相互支持、相互作用，进而迸发出整体的力量，有效地减少无目的无组织的资源投入，并能实现思想政治教育目的，培养出合

---

① 田晋颖. 思想政治教育现代化及其路径探析 [J]. 山西高等学校社会科学学报，2015，27（10）：86-89.

格的人才。学生思想政治教育方法现代化坚持整体性原则，就可以对思想政治教育工作进行宏观层面的整体把握，避免内耗、各自为政、无法统一行动的局面发生。

总之，坚持整体性原则能有效整合思想政治教育的各种资源和要素，更好地达到思想政治教育的效果。

2. 操作性原则

坚持操作性原则也是进行学生思想政治教育方法现代化的基本前提。学生思想政治教育方法如果在实践层面上具体操作不了的话，那么不论它的理论基础多么雄厚，在逻辑论证上有多么严密，对思想政治教育实践都起不到任何的帮助作用。学生思想政治教育方法现代化坚持操作性原则，对于思想政治教育而言是具有针对性的。借鉴各种先进有效的现代化方法是迫在眉睫的，比如心理疏导、隐性教育法等，这些方法适合于不同的具体的场景。可见，在强调思想政治教育政治性原则的同时，在可操作方面进行一些调整，可以收获意想不到的效果。

（二）思想政治教育方法创新的方向

1. 社会实践教学法

教学方法主要是指在一定的教学观念的指导下，为了在教学过程中达到教学目的，完成教学任务而采取的一整套操作策略。通过参考相关研究理论，结合教学实践，我们可以将社会实践教学法定义为：根据思想政治教育理论课程的教学大纲和目标，通过社会实践活动的良好教学效果，将思想政治教育内容以生动的形式向学生进行教导，达到学生的深刻理解，注重学生的体验，为全面提升学生的思想道德和文化素质为目标的教学方法。

2. 问题导向教学

传统的思想政治教育往往以灌输知识为主，但现代教育更强调培养学生的批判性思维和问题解决能力。因此，创新的方法可以采用问题导向教学，鼓励学生提出问题、分析问题、寻找解决方案，并将政治理论与实际问题相结合。

3. 体验式教育

通过参与式的学习活动，如模拟政府会议、社区服务项目、实地考察等，让学生亲身体验政治和社会问题，从而增强他们的参与感和责任感。这种方法可以激发学生的兴趣，使他们更容易理解和珍视政治教育的重要性。

4. 心理疏导与思想政治教育相结合

学生思想政治教育工作需要借鉴心理学的优良方法，给思想政治教育对象以启发和教育，消除学生群体长期形成的不良心理障碍，改变他们一些看问题的角度与立场，构建起思想政治教育的思维方式。

（1）学生思想政治教育工作者需要掌握一定的心理学知识，了解基本的心理学概念，达到可以分析学生心理健康状况的程度。这是心理疏导方法在学生思想政治教育领域开展的基本前提。在这个前提下，学生思想政治教育工作者应该掌握学生个人的心理特点，让他们自己主动地有意识地对某些不良的情绪与行为进行不断调整，以达到心理健康的目的，这些才是保障思想状态稳定和正确的前提。

（2）心理疏导方法比如宣泄、激励等都强调重视学生的主体作用，一般都是针对每一个个体进行的，这就可以详细地掌握比较全面的学生思想动态。因为进行思想政治教育活动就必须要了解学生的思想状况，从他们最基本的心理状态入手。在具体的心理疏导中，思想政治教育工作者基于掌握心理学理论等基础的前提，在与学生面对面的坦诚交流中，把握学生的个性心理特征，真正了解个体的兴趣、爱好与性格特点、精神需要等，再结合思想政治教育理论，对学生进行思想政治教育，端正他们的思想，这对于提高学生思想政治教育工作的预见性有很大的帮助，同时针对不同心理特点的对象采取不同的方法，从而提高思想政治教育的效果。

第三章 新时期以科学精神指引思想政治教育机制构建

第一节 以求实求真精神指引思想政治教育机制构建

一、科学的求实精神

马克思的求实精神就是他在科学研究实践中讲求实际，求真务实的一种精神品质，也是一种实事求是的行为习惯和严谨态度，它是马克思的科学精神的重要内涵之一。马克思为什么在许多领域都有着重大成就，究其原因，这是与马克思追求真理的脚踏实地、实事求是的求实精神密不可分的。

第一，从实际出发，强调对资料的充分掌握。马克思的求实精神，表现在他从事科学研究中的从实际出发，始终保持对资料的充分占有，充分彰显了马克思求实的态度和精神。马克思进行科学研究必须按照一个准则——研究必须充分地占有材料。只有彻底掌握了大量真实的材料，研究才是最真实的，得出的结论才具有说服力，而这就是他进行科学研究中体现的求实。他常常将所涉及的材料全都收集起来并仔细研读，之后他才开始进行研究的下一步工作。此外，他不仅重视材料的占有，还十分注重对第一手材料的占有，并以极其严苛的要求来考察已获取的材料。甚至所有引证，马克思也都会一一去查证核实，这就是他在研究和创作中体现的求实精神。充分占有材料不仅是马克思进行研究的重要原则，同时也是他讲求实际，求真求实的深刻体现。

第二，强调理论研究的求实求精。求实是指马克思对待理论研究一丝不苟、严肃认真的科学态度，是随时注意在新历史条件下发生的新情况并将其纳入研究。求精是对已经完成的理论成果不断批判地完善，是马克思对自己理论写作的高标准高要求。理论研究的求实与求精两者相互联系，相互促进。求实是求精的基础，求精是求实的更高标准。

马克思在理论研究过程中还十分关注新条件下发生的新情况。在研究经济学过程中，资本主义社会现实状况随着实践的深入不断发生变化，他也会注重在理论和实践方面不断加深的情况下对于其经济运动规律的认识。他经过认真研究，结合新变化一旦有了新的结论便立即修改、完善理论。

马克思进行理论研究的过程，让人们看到了他对于研究认真的态度，对新情况的关注，对已经完成的著作和理论的完善，这些就是马克思在科学研究中的求实求精，充分展现出了马克思科学的求实精神。

二、求实求真精神指引思想政治教育机制的构建策略

马克思主义一直以来都是思想政治教育领域的重要理论资源之一，而马克思的求实求真精神更是指导思想政治教育机制构建的关键要素。在构建思想政治教育机制时，可以借鉴马克思的思想，采取一系列策略，以确保思想政治教育的目标能够真正得到实现。

第一，马克思的求实求真精神强调实事求是和理论联系实际。在思想政治教育中，也应该鼓励学生深入实际，了解社会和政治的现实问题，这可以通过引导学生参与社会实践、实地考察、社会调查等方式来实现。只有当学生亲身经历和了解社会现实时，他们才能更好地理解理论，并将其应用到实际问题中。

第二，马克思的求实求真精神要求批判性思维和辩证思考。在思想政治教育中，我们应该鼓励学生思考问题的多维度，了解不同观点，进行辩证分析。这可以通过开展讨论、辩论、研讨会等活动来实现，使学生能够培养出批判性思维和辩证思考的能力。

第三，马克思的求实求真精神强调科学方法和实证研究。在思想政治教育中，应该倡导科学性的方法，鼓励学生进行独立研究和实证分析。学校可以设立研究项目，提供研究资源，以帮助学生进行科学研究，从而更好地理解和解决政治问题。

第四，马克思的求实求真精神还要求坚守真理和正义。在思想政治教育中，应该教育学生坚持道义原则，追求社会公平和正义。这可以通过教育伦理道德、人权观念和社会责任感来实现，培养学生成为有社会责任感的公民。

第五，马克思的求实求真精神鼓励人们不断进步和创新。在思想政治教育中，应该鼓励学生不断学习和思考，积极参与社会和政治活动，推动社会的进步和改革。

以马克思的求实求真精神为指导，构建思想政治教育机制需要注重实践、批判性思维、科学方法、道义原则和创新精神。通过这些策略的应用，政治教育可以更好地培养学生的政治素养，使他们成为具有社会责任感和创新能力的公民，为社会的进步和发展做出贡献。

第二节　以辩证批判精神指引思想政治教育机制构建

一、辩证的批判精神

马克思的批判精神是他思想体系中的一个核心要素，贯穿于他的社会、政治和经济理论之中，表现为对社会现象和制度的深刻分析和批评。

第一，社会分析的批判性视角。马克思的批判精神首先体现在他对社会现象的分析上。他不仅仅描述社会现象，更重要的是对其进行深入的批判性反思。他强调社会的根本矛盾和不平等，并试图揭示这些问题的根本原因。例如，他通过对资本主义制度的批判性分析，揭示了资本主义制度中的剥削和阶级矛盾。

第二，历史唯物主义的批判性历史观。马克思的历史唯物主义是一种批判性的历史观。他认为社会的发展不是偶然的，而是有着深刻的历史和经济规律。这种历史观使他能够分析社会制度的演变，并指出其中的不公正和问题。他关注社会变迁的动力和经济结构的演化，以揭示社会矛盾的根本原因。

第三，对资本主义的批判。马克思的批判精神在对资本主义的批判上表现得尤为明显。他深刻地分析了资本主义的本质，包括资本积累、剩余价值的生产和阶级分化等问题。他指出资本主义制度导致了工人的受剥削和贫困，同时强调资本主义制度的不稳定性和周期性危机。这种批判性的观点鼓励了工人阶级的自觉和斗争，促使他们寻求社会主义解决方案。

第四，政治批判。马克思也对当时的政治体制和权力结构进行了深刻的批判。他批评了资产阶级政权的维护和其对工人阶级的压迫。他提出了阶级斗争的理论，认为只有通过工人阶级的革命，才能实现社会的彻底改变。

第五，历史材料主义的批判性方法。马克思的历史材料主义方法也是一种批判性的方法。他强调了社会意识和制度的基础是经济结构，这种观点有助于分析社会现象的根本原因，并推动社会变革的思考。

马克思的批判精神贯穿于他的整个思想体系中，他通过深刻的社会、政治和经济分析，揭示了社会问题的根本原因，鼓励人们思考和行动以实现社会变革。他的批判性思维影响了许多后来的社会科学家和政治运动，成为现代社会和政治理论的重要组成部分。然而，也值得注意的是，他的思想在实践中引发了多种不同的解读和应用，因此，对他的批判精神的理解也因人而异。

二、辩证批判精神指引思想政治教育机制的构建策略

马克思辩证批判精神对于思想政治教育机制的构建提供了重要的指导思想，这一精神的核心理念是以辩证的方式理解社会和历史现象，通过深刻的分析和批判性思考，揭示社会矛盾和问题的根本性质，从而指导社会的改革和进步。

第一，批判性思维培养。马克思辩证批判精神强调批判性思考的重要性。思想政治教育机制应该注重培养学生的批判性思维能力，使他们能够独立思考、分析问题，并审视不同观点和思想的优缺点。这可以通过课程设计、讨论课、争论和辩论等方式来实现。

第二，历史唯物主义教育。马克思的历史唯物主义观点强调社会的发展是历史的产物，受到经济、政治、文化等多种因素的影响。思想政治教育机制应该教授学生历史唯物主义的观点，帮助他们理解社会问题的历史根源，以及不同历史时期的社会变革和发展。

第三，社会分析和矛盾分析。马克思辩证批判精神强调分析社会矛盾和问题的本质。教育机制可以通过案例分析、社会调查和研究项目等方式，培养学生深入分析社会问题的能力，并提出解决方案。

第四，阶级观念的培养。马克思辩证批判精神鼓励对权威和权力进行批判性审视。教育机制应该鼓励学生不盲从权威观点，而是鼓励他们质疑和思考权力结构，追求社会的公平和正义。

第五，社会参与和实践。思想政治教育机制不仅仅是理论教育，还应该强调实践和社会参与。学生应该有机会参与社会活动、义工工作和社区项目，以便将他们的批判性思维应用到实际问题中，并积极参与社会变革。

第六，多元化和包容性教育。马克思辩证批判精神也包括对多元化和包容性的尊重。思想政治教育机制应该倡导多元文化教育，尊重不同文化、宗教、性别和民族背景的学生，鼓励他们在学校环境中交流和合作。

以马克思辩证批判精神为指导思想的思想政治教育机制构建策略应该强调批判性思维、历史唯物主义、社会分析、阶级观念、权威批判、社会参与和多元化教育等方面的培养，以培养具备深刻理解社会问题和积极参与社会变革的学生。这样的教育机制有助于培养具备独立思考和社会责任感的公民，为社会的进步和发展作出积极的贡献。

第三节 以大胆创新精神指引思想政治教育机制构建

一、勇敢的创新精神

创新是科学的生命力，它是一个人们在认识、改造世界的活动中形成的主体性概念。"在当前时代下，随着社会企业对人才要求的不断提高，高校作为人才培养的基地，应当根据当前时代发展的方向以及对人才的需求，对高校原有的育人模式和育人重点进行有效的创新以及改革。"① 创新精神是一种价值追求，是人们在这过程中表现出的特质和精神面貌。马克思的科学精神的创新内涵不仅是敢于质疑的态度，更是一种不畏惧风险的探索精神。

（一）不惧困难，勇于探索新领域

马克思是一个极具探索精神的人，他从不惧怕艰难，敢于向新领域迈进，并在其中不断取得理论新成就。勇于探索新领域是马克思创新精神的重要表现，马克思不断探索新领域的成果使其形成了众多创新著作、理论以及思想。这不仅体现出马克思对新领域的挑战和成就，更反映了他勇于迈向新领域，善于解决新问题的创新精神。大学时期，马克思受到家庭等因素的影响，选择了法律专业，并以极大的热情投入学习。与此同时马克思又开始对诗歌产生了浓厚的兴趣，并以极大热情去学习研究，可以从著作中看到其创作的大量诗歌。后来马克思被哲学所深深吸引，感到要"专攻哲学"。马克思开始走近了黑格尔哲学，研读了众多哲学家的著作，深入研究哲学问题。工作后，现实的物质利益问题促使马克思开始进行经济学研究的转向，随着研究的深入，马克思创作了一系列著作。到了老年，马克思也仍然坚持学习，探索了自然科学、数学等领域，不断获得新知识，取得新成就。

（二）在探索中成就伟大创新成果

马克思勇敢的创新精神不仅体现对于新领域的勇敢探寻，更体现在马克思在探索中取得的伟大创新成果。马克思一生成果丰硕，而最能体现其科学精神的重要创新成果莫过于

---

① 王义川. 思想政治教育视野下的大学生创新精神培养机制研究 [J]. 智库时代，2020 (08)：121.

两个伟大发现。

1. 唯物主义历史观的产生

《莱茵报》时期的实际经验使马克思思想发生了根本性的变化，再加上受到费尔巴哈《关于哲学改造的临时纲要》的影响，让他形成了对黑格尔政治学的新的看法。而后他在《黑格尔法哲学批判》中对其辩证法进行了特定的颠倒，其中对于异化问题的深入研究推动了马克思唯物史观的产生，而这也就是马克思走向唯物史观的第一步。在继续深入研究理论的同时，马克思也接触到无产阶级的运动，此时他的思想也发生着新变化。之后随着他研究的深入，马克思又在《〈黑格尔法哲学批判〉导言》中对唯心主义进行了深入的批判总结，这也就鲜明地表现出马克思的唯物史观已处于萌发中了。

之后他不仅阐述了市民社会的现象和价值立场，也包括对异化思想的认识，还在此基础上创作了《神圣家族》。在其中他进一步探讨了历史的起源问题，指出认识历史应该要从生产方式入手。可以发现，马克思的唯物史观思想在不断生长成熟。在长期研究的基础上，他写下了《关于费尔巴哈提纲》。这是为展开唯物史观所做的准备。马克思明确地指出之前的唯物主义的共同的缺点，进而阐明了新世界观。直到《德意志意识形态》的诞生，唯物史观才算真正创立起来。在《〈政治经济学批判〉序言》中，他完整地表达了相关观点，而这一表达也被人们认为是该理论最为经典的表述。

2. 剩余价值学说的形成

约在 1845 年，马克思一方面成功地走向了唯物主义，另一方面也逐渐成为一名共产主义者，正是由于马克思在唯物主义历史观方面的成就，为他在政治经济学领域的革命奠定了世界观和方法论基础。而后他又在《哲学的贫困》中，叙述了价值理论。同时在《雇佣劳动与资本》讲演中，他系统全面地表达了自己的经济学观点。通过长期研究，马克思在唯物史观的指导下分析了资本主义的生产关系，进一步明确了劳动价值和工人劳动所创造的价值。正是这些研究成果为他接下来的深入研究打下基础，而这也是其创立剩余价值学说的序幕。

马克思经过长期深入研究，在这方面形成了众多价值性的观点。在其中他对商品二重性、劳动二重性等原理作了清晰论述，而这些进一步促进剩余价值学说的产生。他描述了剩余价值的缘起及其形成的整个过程，还清楚地表述了剩余价值和利润之间的联系，深入研究了剩余价值的本质，这些是他为剩余价值学说的创立而取得的实质性进步。马克思厘清平均利润和生产价格理论问题，同时他还阐明了地租问题，完成了剩余价值学说的大致构建。马克思还通过《价值、价格和利润》演说的方式，表达了剩余价值学说的基本内容。而《资本论》的诞生更是意味着剩余价值学说的最终成熟，这一伟大发现，是马克思在长达几十年科学研究中所得的创新成果，充分展现了马克思所具有的创新精神。

正是马克思不惧艰难的勇气和探索，让他不断创新，收获无数研究成果，从而形成了唯物史观和剩余价值学说。从创新过程和成果两个方面，充分展现了马克思的创新精神。

二、以大胆创新精神指引思想政治教育机制的构建策略

马克思主义一直被视为指导思想政治教育的理论基石。随着社会、经济和文化环境的不断变化，需要不断创新思想政治教育机制，以更好地适应新的时代背景。在这方面，马克思主义的大胆创新精神为我们提供了重要的指导原则，可以指引构建更加符合现实需要的思想政治教育机制。

首先，马克思主义强调历史唯物主义和辩证法，这意味着需要根据社会历史的发展和变化来调整思想政治教育的内容和方法。教师不能仅仅停留在传统的理论框架中，而应该积极面对新的社会问题和挑战，使思想政治教育更具时代性。例如，在数字化时代，可以探讨数字经济和信息社会的马克思主义分析，以便更好地理解当今社会的本质和特点。

其次，马克思主义强调人的自由和创造性，这为思想政治教育提供了一个重要的指导原则。教师应该鼓励学生思考、批判和创新，而不是简单地传授知识和观点。思想政治教育应该培养学生的独立思考能力，让他们能够分析复杂的社会问题，提出有益的解决方案，并为社会进步做出贡献。这需要采用互动式教育方法，鼓励学生参与辩论、研讨和社会实践。

再次，马克思主义注重阶级分析和社会变革，这意味着思想政治教育应该与社会实践相结合。学生不仅应该了解社会问题，还应该积极参与社会活动，亲身体验社会矛盾和问题。这可以通过实践性课程、社区服务和社会实践项目来实现，帮助学生将理论知识与实际行动相结合，培养他们的社会责任感和改革意识。

最后，马克思主义鼓励批判性思维和对不平等和不公正的关注。思想政治教育应该教导学生分析社会不平等和不公正的根本原因，并激发他们参与社会变革的愿望。这可以通过研究社会问题的历史和根源，以及讨论不同的社会变革理论和策略来实现。

以马克思主义大胆创新精神指引思想政治教育机制的构建策略需要不断更新教育内容和方法，鼓励学生独立思考和实践，注重社会参与和变革意识。这样的教育机制将有助于培养具有批判性思维和社会责任感的公民，为社会的进步和公平做出贡献。

第四节　以团结协作精神指引思想政治教育机制构建

一、精诚的协作精神

马克思的协作精神，就是其在科学研究实践中与他人合作的态度。马克思精诚的协作精神是其科学精神的重要内容，其表现在各个方面，体现在和其他学者的理论合作和探讨当中，而这更集中体现在他与恩格斯的合作上。

马克思与恩格斯的合作是跨领域的合作。马克思之前将更多精力放在历史、经济等方面，也形成了许多研究成果。恩格斯则更擅长于哲学、自然科学等方面的研究。领域差异不仅没能阻碍他们之间的合作，反而还使得相关研究更为可靠。在研究问题上的互补，似乎早就成了他们彼此的默契。在《资本论》的创作过程中，恩格斯率先剖析研究了经济方面的问题，并且形成了一定的研究成果，发表了《国民经济学批判大纲》等文章。而马克思后来也开始探索经济学领域，并取得了较大成就，恩格斯为更好地支持马克思，则没有继续深入研究，而是帮助马克思，为其提供大量所需资料。两人的合作甚至在马克思逝世后仍然继续着。为了整理《资本论》的剩余部分还有其他著作，恩格斯放下了自己所有的工作，废寝忘食，只想让马克思的心血不白费，让这些伟大的理论呈现在世人面前，指导人们的实践。

两人的合作是建立在伟大友谊之上的，而他们的友谊更多的是理想的契合，志向的一致，有着共同的人生价值取向。在他们的合作的四十多年里，一起为世界贡献了无数的理论珍品，同时也成就了彼此。

马克思的科学精神是批判、求实、创新、治学、奉献和协作的有机融合和有机统一，它们都是马克思在科学研究过程中形成、体现出来的精神气质，是他为世人留下的精神财富。如今更应该探索马克思优秀的精神品质，从新的视角走近马克思，弘扬马克思的科学精神，不仅为新时代培育科学精神提供指引，另一方面也有利于当今中国树立良好学风，勇攀科学高峰，推动建设世界科技强国。

二、以团结协作精神指引思想政治教育机制的构建策略

马克思主义的团结协作精神是指导思想政治教育机制构建的重要理念之一，它强调了集体主义、共同发展和互助合作的价值观念。在构建思想政治教育机制时，秉持这一精神

可以为培养社会主义核心价值观、弘扬社会主义道德为培养具备马克思主义思想政治素养的新一代公民提供有力指导。

首先，构建思想政治教育机制需要注重团结与协作。马克思主义强调无产阶级团结协作的重要性，这一思想可以引导教育机制建设，鼓励学生之间互帮互助、团结合作，培养他们的集体主义精神。例如，学校可以鼓励学生参与志愿活动，组织团队项目，培养他们的协作能力和责任感。

其次，思想政治教育机制应促进知识的共享与交流。马克思主义认为，知识是社会共同财富，应该为全体人民所共享。在教育机制中，可以倡导开放的学习氛围，鼓励学生分享知识和经验，推动集体智慧的发展。同时，教育机构可以引导学生参与学术讨论、研究项目，培养他们的批判性思维和团队合作能力。

再次，马克思主义的团结协作精神还强调了共同发展和公平正义。在思想政治教育机制中，应该注重培养学生的社会责任感和公益意识，让他们明白自己的发展与社会的进步息息相关。这可以通过开设社会实践课程、引导学生关注社会问题和参与公益活动来实现。同时，教育机构应确保教育资源的公平分配，不让任何一个学生因为背景或条件的不同而受到歧视。

最后，思想政治教育机制的构建策略应该注重个体与集体的平衡。马克思主义强调个体与集体的辩证关系，既要尊重个体的发展需求，又要强调集体利益的重要性。因此，在教育机制中，可以鼓励学生追求个人兴趣和发展，同时也要培养他们的社会责任感和团队合作精神，使个体发展与社会进步相互促进。

以马克思主义的团结协作精神为指导思想政治教育机制的构建策略，可以培养具有社会主义核心价值观、社会责任感和协作能力的新一代公民，促进社会的和谐稳定和可持续发展。这一精神不仅适用于教育领域，也可以在各个社会领域推广，为社会主义建设提供有力的思想理论支持。

第四章　新时期思想政治教育的协同育人机制

第一节　思想政治教育协同育人的必要性与可行性

一、思想政治教育协同育人的必要性

对思想政治教育协同育人情况进行分析和研究，第一个要解决的问题就是了解协同的意义和价值，这是在当前的时代背景下，为了满足现实需要所做的必然之举。同时，需要重点研究实现协同的可行性，分析两者之间存在的关系，找出其中的内部关联，为协同育人打下牢固的基础。

（一）协同育人的重要性

在互联网背景下，思想政治教育协同育人可谓是大势所趋。首先，当前的现实情况为学校教育带来了很多新的机遇和挑战，而协同育人则可以很好地迎接机遇，接受挑战；其次，从问题导向的角度来看，现阶段学生思想政治教育其实存在着很多问题，需要通过协同创新的方式加以解决；最后，从未来发展趋势来看，协同育人可以有效地推动思想政治教育工作迈上一个新的台阶。

万事万物的发展变化都离不开环境，思想政治教育工作也是如此，必须要与时代发展相吻合。在进入新的历史时期之后，思想政治教育工作也遇到了很多新的挑战，再加上国际形势的风云变幻，学生自身的差异化发展，都要求协同育人同步做出调整与改善。

1. 从全球视野中把握民族复兴新使命

在互联网背景下，现今的国际形势可谓是瞬息万变，每个国家都和其他国家之间有着密切的联系，所以高校思想政治教育工作所面临的可变因素非常多。随着国际交流的逐渐增多，国际上的不稳定因素也会给高校思想政治教育工作带来不小的影响。高校思想政治教育工作所肩负的民族兴盛的重大使命，不管在理论教学还是实践教育中都是如此，都要

对"四个自信"进行坚定不移的维护。让学生认识到自身所担负的历史使命，积极学习，端正态度，能够在纷繁复杂的现实情况中坚定立场。

2. 从历史方位中建立立德树人新任务

我国在政治经济文化领域都取得了突出的成绩，社会主义中国进入到全新的发展时期。在这个至关重要的历史节点上，摆在我们面前的艰巨任务有很多，这都需要足够的优秀人才来实现。学生是社会主义未来的接班人，他们只有具备了全面而综合的素质，今后才能担负起建设社会主义的重任。所以，学校要重视对学生开展思想政治教育工作，坚定不移地"立德树人"，从本质上讲，学校开展教育的主要目的就是为社会培养德智体美劳全面发展的综合型人才。学校应该审时度势，站在国家和民族的历史高位上开展教育工作，以协同育人的方式提升学生的知识水平和道德修养，保质保量地完成时代赋予的使命。在互联网背景下，学校开展协同育人其作用主要体现在两个方面：一是提升学生的专业能力；二是帮助学生树立正确的"三观"，这是符合时代发展趋势的必然之举，也是达成立德树人目标的重要举措。

3. 从技术迭代中把握育人方式新变化

来自科学技术领域的创新会给人类社会的发展带来无穷的动力，人类文明层次的提升都是科学技术在起作用。现阶段，信息网络化获得了长足的发展，也给人们的工作和生活带来了很大的变化。可以说，信息网络化是改变世界的重要力量，所以学生开展思想政治教育也要顺应时代发展潮流，及时调整自身的发展目标和具体教育方法。

互联网有着传播快捷便利的优势，如果将其引入到思想政治教育工作中，可以起到事半功倍的效果，对当前的教育资源进行丰富，改善当前的教育方法，有利于实现教学创新。随着多媒体技术的引用，原本照本宣科的课堂就会增加很多视频和音频材料，还会出现网络课堂、微课等，这都是对课堂内容的极大丰富与完善。相信在未来的发展中，教育事业发展的总趋势就是实现线上和线下的有机融合。从这里可以看出，网络技术的发展极大地影响着教育方式的转变，尤其是在突发事件发生之后，线上教学的优势也就得以突显。

（二）协同育人有利于促进高校思想政治教育发展

高校开展思想政治教育工作是关乎国计民生的重大事宜，可以为中华民族的伟大复兴输送更多优秀人才。协同育人已经成为时代发展的大势所趋，可以升华高校思想政治教育的现实意义。

1. 强化高校思想政治教育的实效性

协同育人为开展高校思想政治教育工作指明了发展道路，让其目的性和针对性更强。这里提到的针对性主要指的是教育工作的开展要坚持从实际出发，结合教育对象的具体特点，教育任务的实际情况选择更为适宜的教育方法。换言之，要保证思想政治教育工作的针对性，就要对这项工作的发展规律进行准确把握，同时兼顾学生的实际情况和成长规律。

对学生来说，他们接受思想政治教育主要是通过上课的方式，而思想政治理论课则可以帮助学生解决很多理论上的问题，将这门课程视为在高校开展思想政治教育的主阵地一点都不为过，在学习的过程中，学生可以提升自己的认知，解决各种学习和生活中的问题。在做到了理论联系实际，实现了课堂内容和日常思想政治教育的有机融合之后，学生遇到的很多现实问题都能得到妥善解决，他们的成长会更加顺利，而思想政治教育才能有的放矢，思想政治教育工作才会真正意义上落到实处，发挥应有的作用。

进行思想政治理论教育就是在理论的指引下，帮助学生将各种社会意识内化于心，同时外化于行，真正意义上用理论来指导实践。在这个过程中，主要对三种关系进行合理协调：一是理论的彻底性；二是学生的主体选择性；三是外部环境的复杂性。众所周知，检验真理的唯一方法就是通过实践，而要想验证一个理论是否具有彻底性，同样也要将其放置在实践中加以检验。思想政治教育工作主要针对的就是人，所以，围绕学生展开的思想政治教育工作在帮助学生解决来自思想认知方面的问题之外，还要坚持从实际出发，对学生学习和生活中遇到的问题进行解决。从这个角度来说，开展思想政治教育工作的针对性就非常明显了，那就是引导学生从课堂走入到社会，从书本走入到生活，从理论走入到实践，通过以学养人的方法更好地实现知行合一。

2. 增强思想政治教育的协同效应

协同育人可以激发出思想政治教育所具有的协同效应。所谓协同效应，指的就是多个因素在相互配合的过程中积极发挥作用，最终达到整体增强的发展目的。具体地说，高校思想政治教育工作主要包括两方面内容：一是理论课程，二是日常教育。这两者相互支撑、互为补充，如果想要顺利推进高校思想政治教育工作的发展，就要将两者有效地融合在一起，让其相互支撑，共同进步，这样才能达到全方位育人的良好效果。

在高校思想政治教育过程中，理论课程可以说是教育开展的主渠道，其发挥的作用至关重要，正是因为设立了理论课程，思想政治教育工作才能推进得有条不紊。随着教育改革的不断推进，思想政治理论课建设工作也取得了很多成效。客观来讲，这是一个包罗万象的大系统，其中涉及的要素纷繁多样。因此，在关注这个主渠道的同时，也不能放松其他渠道，只有将主阵地、多渠道的作用都发挥出来，思想政治教育工作的开展才会更加顺利。假如让理论课堂承担了所有的教育任务，那么主阵地的压力就会空前增大，思想政治教育的开展就不能完成全方位的覆盖，其影响力会逐渐削弱，最终的教育效果也将不尽如人意。

其实，思想政治教育属于社会实践的范畴，在我国的各个领域，思想政治教育都在潜移默化地发挥作用。所以，开展高校思想政治教育工作有着广泛的社会基础，教育主体多样。当然，高校教师是其中当之无愧的主力，高校辅导员、党组织成员甚至是学生的父母也都是这项教育工作的主体。如果各项条件具备，还会有更多的人在这项工作中作为主体出现，帮助学生解答学习和生活中的疑惑。另外，高校思想政治教育活动的社会性也非常明显。不管是在学习还是生活中，学生的一言一行都会受到道德规范的约束。日常生活看似随意，其实是学生非常重要的生活场域，他们的很多思想品德都是在日常生活中逐步形成的。高校在开展思想政治教育时，也应该对学生的现实生活进行认真审视，选择最为适宜的切入点。随着网络时代的发展，学生早已熟悉了新媒体。所以，高校也应该对网络予以足够重视，通过先进的技术手段积极开展网络思想政治教育。

总体而言，高校思想政治教育工作具有较强的复杂性，要想将这项工作做好，需要将系统中各项因素的积极作用都充分发挥出来，实现专业课程和日常教育的协同发展，运用创新思维和理念打造更为完善的教育格局。

3. 确保思想政治教育目标的完整性

协同育人可以保证对高校思想政治教育工作目标的完整性。高校针对学生开展思想政治教育工作，其实就是在教给学生应该如何成为一个合格的社会主义接班人。每个个体都是知行合一的整体，也兼具了德智体美劳等各项特点。虽然在思想政治理论课和日常教育中存在很多差异，不过其根本目的都是为了立德树人，帮助学生提升综合素质，所以要将两者有机融合在一起，这可以为顺利达成高校思想政治教育目的打下牢固的基础。

任何人都身处于社会当中，社会就是由一个一个的人共同组成的。人不管是生存还是发展都和社会息息相关，而社会的发展也离不开人在其中所起的作用。在互联网背景下，人和人的关系变得前所未有的紧密。所以，人的全面发展指的是充分发挥他们的主观能动性，丰富其社会关系，让其技能与品质可以同步发展，为社会进步做出更大的贡献。高校开展思想政治教育工作需要不断提高学生思想水平、政治觉悟、道德品质、文化素养，让学生成为德才兼备、全面发展的人才。所以，高校要坚持立德树人，将理论课程和日常教育紧密联系在一起，将两者的优势都充分发挥出来，积极提升学生的思想道德和修养水平，让其可以实现知识与能力的同步提升，进而实现全面发展。

二、思想政治教育协同育人的可行性

学校之所以可以实现思想政治教育协同育人，主要是因为两者在这个系统中都发挥着积极作用，内在联系非常紧密。正是因为存在着千丝万缕的联系，两者才更有可能实现协同。

（一）思想政治教育协同育人的同质性

高校思想政治教育协同育人在高校思想政治教育工作中所起到的作用举足轻重，关于这一点，其重要性不仅体现在理论研究上，在实践中的重要性也是一样的。从这个角度来讲，两者具有一致的归属性。其实，高校思想政治教育体系非常复杂，而且还处于动态发展的过程当中，整体体系时而有序，时而无序，正是因为两者之间存在着转化关系，所以体系协同才更具可能性。如果将高校思想政治教育视为一个整体，那么这个体系就有着明确的发展目标，有需要达成的任务，也会涉及明确的教育内容与方法，这些要素相互作用，共同构成了完整的教育体系。

从宏观层面来说，高校思想政治教育体系属于高等教育系统中的一个子系统，所以不管是目标设定还是实现各项功能，都必须严格按照高等教育的系统要求来执行。从自身发展来看，该体系内部也是错综复杂，涉及的教育内容应有尽有，不管是世界观、法制观还是道德观都是其中的重要内容。然而，机制运行需要人力物力等资源进行配合，同时管理学、心理学的理论也会在其中发挥作用。

在高校思想政治教育体系中，协同育人是其中非常重要的子系统，在工作开展过程中，两者也各自有着自己的体系与发展规律。高校思想政治教育其实和其他教育系统之间的关系也非常密切，比如党政系统、科研系统等。正是因为这些要素纷繁多样，所以高校思想政治教育系统的复杂性才非常之强。

高校思想政治教育体系不管是主渠道还是主阵地，他们各自的系统都有着明显的特点，比如动态开放性、整体性等。正是因为有着这些具体属性，高校思想政治教育工作才能顺应社会迅速变化的需要，积极调整自身结构，优化教学方法，在新的历史时期更好地满足学生的实际需求。另外，因为系统开放性的存在，所以高校开展思想政治教育工作需要保持和外界的密切联系，及时对子系统的功能进行合理调整，为后续的发展打下坚实的基础。所以，要讨论协同育人这个主题，就要将其放置在高校思想政治教育的复杂体系中进行全盘考虑，这样才能满足系统论的相关要求，才能更好地完成对系统要素的优化配置，实现系统内部的平衡与协调。

协同育人的主体有两个：一是思想政治课老师；二是高校辅导员。他们都需要重视对信息的汲取，要把握时事发展的趋势，要将自己的所学所想传授给学生，正确规范学生的言行，对他们的思想进行合理引导。只有经过谆谆教导，学生才可以更好地接受这些信息，并将这些内容转化为自己的知识，用以指导实践。从这里可以看出，正是因为思想政治教育工作非常复杂，协同育人才更有可行性。所以需要对系统中涉及的要素进行系统整合，将其整体效应充分发挥出来，最终形成强大的教育合力，才能在高校中打造更为完善与科学的育人格局。

（二）思想政治教育协同育人的互补性

要想实现协同，前提和基础就是对各要素之间的关系进行协调。高校开展思想政治教育工作也是如此，专业课和思想政治教育课不管是在体系中还是工作中都存在千丝万缕的联系，只有实现组织结构的优化，协同工作才能推进得有条不紊。两者是辩证统一的关系，是落实协同策略的重中之重。体现在具体工作中，协同育人工作在教育目标、具体内容、实际方法等多个方面都存在紧密的关联。

1. 工作目标的一致性

任何行为的推进都是以工作目标为指引，这里提到的工作目标是开展工作所要实现的结果。具体到高校思想政治教育方面，其根本目标就是立德树人，其中又会细化出很多和思想政治教育有关的分支目标。在高校开展思想政治教育工作就是为了帮助学生实现理论和实践的统一，将学习和实践有机结合起来。高校不管是开展日常教育工作，还是进行服务管理，都要紧紧围绕立德树人这个中心目标来展开，要坚定不移地坚持社会主义核心价值观，积极为社会输送全面发展、综合素质较高的合格人才，让其在社会主义建设中可以发挥出中流砥柱的作用。从这个角度来讲，思想政治理论课其实和日常思想政治教育异曲同工，两者有着相同的目标和发展方向，是对立德树人宗旨的直观体现，开展教育工作的目标就是培养全面发展的时代新人。

高校在对学生进行思想政治教育时，通常会选择从思想政治理论课入手，这是一项专业性很强的教学任务，可以提升学生的政治素养和道德水平，带领他们更加全面地认识世界，同时赋予他们理论联系实践的能力，更好地改造世界，这种教育符合我国当前经济社会发展的客观规律，是与人才发展战略相协调的教育理念。另外，思想政治教育还要承担起实践育人的艰巨责任。具体的教育工作开展可以通过党团活动、心理咨询、班风建设等工作来实施，这些活动可能存在些许差距，不过其根本目的都是带领青少年向更好的方向发展，其中的关键点就是实现思想政治教育和理论课程的有机融合，让两者可以协同发展，如果在这个过程中任何一个环节出现问题，那么都会对高校思想政治教育协同育人工作的开展带来阻力，而育人工作的目标也就难以落实。

2. 教育过程的融通性

高校开展思想政治教育工作的形式多种多样，可以在课堂之上，也可以在实践当中，可以实施线上交流，也可以通过线下互动来完成。不管是慕课还是现场教学都能达到类似的教育效果，学生可以在潜移默化的学习中得到深刻的领悟。具体的学习内容也非常丰富，学生在这个过程中可以学到系统的理论知识，也能获得道德修养方面的提升。总体而言，整个教育过程中每个环节之间都有着密切的关联，融通性很强，而且可以随着时间和空间的推移而延展。高校思想政治教育工作的开展具体涉及以下两个方面：

（1）在课堂教学方面，可以帮助学生树立正确的"三观"，这样他们在今后的道路上可以具备明辨是非的能力，不会因为纷繁乱世而迷茫，最终走上错误的道路。

（2）在日常教育过程中，学校可以创造条件多进行活动建设，为合理开展育人教育打造多个平台，这样就可以帮助学生更好地理论联系实践，让其在成长中有所领悟。

其实在育人过程中，主渠道和主阵地之间一直存在着密切的关联。如果没有理论教学，那么开展实践活动也就没有了可以依托的准则。同理，如果实践环节缺失，那么学生就无法对枯燥的理论有深刻的理解，他们也就不能更好地学以致用。正所谓"知行合一"，只有将"知"和"行"有机统一起来，协同育人的作用才能得以充分发挥，两者之间的互补作用才能得以体现，这是符合新时代发展理念和要求的新的教学尝试。

3. 教育内容的衔接性

在具体的教学内容上，高校开展思想政治教育必然会有所侧重。理论课程的开设主要是进行理论宣导、思想教育，帮助学生树立正确的世界观、人生观和价值观，形成法治理念，获得道德修养方面的全面提升。然而，日常思想政治教育则是从培养学生生活习惯、实践能力等方面入手。虽然两者之间存在着明显的差异，不过其中的关联性更强。

（1）理论可以对实践起到指导作用，如果对理论灌输太过重视，而将提升学生的实践能力置之不理，那么理论课的作用也无法发挥出来。而且，因为不能达到学以致用的效果，学生也不会对理论课程产生浓厚的兴趣。久而久之，他们可能还会对这门课程心生厌倦。

（2）如果在理论上有所差别，那么具体到实践过程中，这个偏差可能会被无限放大。如果学生在开展活动时没有正确的理论加以引导，他们的实践活动就会失去方向，最终也会迷茫不知所措。

在具体的教学过程中，高校应该秉持协同育人的理念不动摇，积极加强教学内容之间的联系，做到有所侧重，同时可以协同发展。坚持理论联系实际，从学生的具体特点出发调整教学方法，帮助他们解决学习和生活中遇到的各种思想问题，纠正他们的思想偏差，这样课程的现实价值才能体现出来，实现理论知识和日常生活的有机联系，将理论知识落实到生活的细微之处。学生在进行日常实践时必须要有理论加以引导，不管是进行校园文化建设还是进行党团活动，理论的引导作用都不能忽视。只有这样，理论联系实践的现实意义才能呈现出倍增的效果，而在这个过程中，理论学习的内容得到巩固和加强，协同育人的效果才能得以升华。

4. 工作方法的借鉴性

思想政治教育协同育人的工作重心放在育人上，所以在具体工作方法的选择上，可以相互借鉴，互为补充。达成目标的道路有很多，最重要的评价标准就是能否管用。只要能够坚定不移地践行"立德树人"，只要选择的方法具有足够的科学性，就应该将其积极应用到教学实践过程当中。随着网络信息的普及，现代学生有了更多的渠道可以接触到更多的信息和知识，所以教学方法也应该与时俱进，符合学生的学习习惯，以学生更能接受的授课语言和方法提升他们的学习积极性。而且，在平时思想政治教育工作开展时也应该学习理论教育育人的优点，不能对传统讲授彻底摒弃，要增加活动的思想性和厚重性。通过这样的方法，高校管理队伍的学术高度也能得以提升，学生会对高校老师更加尊重，和老师之间的关系也就更加融洽。

其实，思想政治理论课在工作方法上可以归结为八个字，那就是"晓之以理、动之以情"。要让学生通过学习更加明事理、懂道理，这也是一种将授业与说理有机融合的方法。在具体的教学工作中，老师可以为学生讲各种故事、为他们播放 PPT，这样的方法能够达到以情动人的目的。日常思想政治教育工作比较严肃，而学生又正值人生中最为活跃的阶段。所以，日常学术工作的开展一定要注意严肃性与正式性，假如没有纪律约束，那么活动的效果可能就无法达成。另外，高校教师要针对学生的盲目攀比、玩游戏没有节制等问题进行劝导。客观来讲，上述工作方法对高校思想政治教育协同育人工作来讲只是刚刚开始，这是一份具有复杂性的工作，只凭借一种工作方法显然无法达到效果，所以要重视对"他山之石"进行引入。只有多措并举，育人工作才能卓有成效。

第二节　思想政治教育协同育人的内容体系

一、思想政治教育的目标协同

（一）思想政治教育目标协同的层次

思想政治教育目标协同的层次大部分是指个体目标和集体目标的起承转合。思想政治教育的目的，指的是思想政治的价值取向或者目标指向。首先，个体目标和集体目标之间存在动态性、整体性、层次性和关联性的特点，在协同育人的不同实践阶段是可以允许个体目标存在一些差异性的；其次，集体目标的作用是主导方向，对个体目标起到一个推动、发展、激励、矫正、规范的作用，个体目标主要侧重育人价值的学习目标和生活目标等；最后，值得一提的是集体价值的发展侧重点是发展目标和价值目标，其目标都是遵循协同育人的目标指向，而协同育人的总目标是会随着时代的发展而不断更新迭代的，这是由于其具有的动态性特征所决定的。

纵观当今社会时代，我们的中国特色社会主义思想，在改革开放的实践中不断地深入和完善，为了更好地尊重教育对象的主体性特征，我们要不断适时的调整更新符合新时期中国发展育人要求的思想政治教育体系。

（二）思想政治教育目标协同的构建

思想政治教育目标协同的构建是整个思想政治教育协同机制建立的金字塔顶层规划，是根本性的存在。从宏观角度来看思想政治教育目标协同的构建是作为协同机制最终价值存在的。同时强调的是，协同目标的构建各环节和各要素的适时调整和规划是需要育人目标的正确指导，这一点是由于协同目标的构建是整个系统育人机制的支撑所决定的。

要想最终完成思想政治教育目标协同体系的建设，需要运用科学的教育教学管理模式，通过协同理论的注入，切切实实地维护目标协同的保障体系，通过具体细化的保障体系的搭建，在"规划目标—实现目标—评价目标"的过程中有序实行。

二、思想政治教育的主体协同

（一）思想政治教育主体协同的规律

正确的把握高校的思想政治教育主题协同规律是尤其重要的，这是因为思想政治教育主体协同是协同育人机制的至关重要的一个环节和步骤，而主体协同程度的契合度决定了这个协同育人机制的成功与否。

第一，控制思想政治教育各个主体之间的有序发展。思想政治教育的主体在有序的、科学的结构组织下，保障协同育人机制的正常化运行，与此同时，每个个体的发展规律又在其运行过程中得到兼顾并有序的提升。

第二，提升思想政治教育各主体之间的相互联系性。通过协同育人机制的建立产生的协同效益是远远大于各个主体效益总和的。这是因为协同育人机制的建立产生的协同效益极大地激励了各育人主体的能动性和积极性，使各要素之间的凝聚力及对协同育人机制的信任感越来越强，从而使每个个体的效益也随之增强，这种正面作用的效果不断形成一个正向的循环，促使他们更加积极地参与协同的集体行为。这样，在育人过程中，各个个体要素之间不断相互影响，相互作用，更加促进了集体的发展，从而产生的能量形成 1+1>2 的协同效应。

第三，培养思想政治教育各个主体之间的协同意识。众所周知，意识形态对于物质世界是至关重要的，同理，培养各个主体的团队合作精神和协同意识在协同育人机制中也是至关重要的。要想为协同育人机制的发展提供最原始的驱动力，使每一个主体之间相互勉励、相互帮助及相互促进，从而形成一种主体间和谐的、自然的状态，就需要为思想政治教育各个协同主体树立一致的育人目标，培养各个主体之间的协同意识。

（二）思想政治教育主体协同的构建

思想政治教育主体协同的构建具体指的是各个育人主体在思想政治协同育人的客观规律下进行的整合协同。凡是参与到思想政治教育当中的各个主体都可以面向社会化，加入其中，这是由主体协同的构建相对开放的特性决定的。与此同时，值得强调的一点是，在推动思想政治教育发展的过程中推行的育人机制应当不断的、反复的实验和探索规律，以适应发展中的环境和各主体之间的磨合度和参与度。

1. 正确把握协同育人参与主体的关系表现

（1）协同育人各参与主体应具有主动性。协同育人主体在各自育人机制中，具有一定的主动性是及其必要的，通过主动影响并接近其他育人主体，形成全新的育人协同模式，在互相磨合中不断取长补短达到预期的育人标准，并在达到育人目标之后依然愿意主动参与协同育人的全过程，而过去的旧模式比如原有的教育风格或者固有的思维模式等，也在机制的制度性和权威性形成的过程中逐步被一一打破。

（2）协同育人各参与主体应具有独立性。协同育人主体在各自育人机制中不仅应具有主动性，还应当具有独立性。这一点是由各参与主体之间独立存在、具有相对的独立性，并在其各自领域发挥自身的作用，本身就具有差异性的特征所决定的。思想政治教育协同育人的参与主体在各自领域不断地发挥着自身的主观性、能动性，并产生不同的思维意识，导致在协同育人过程中出现了教学效果、教学内容、教育手段、教育方法等的差异性，这一点再一次充分证明了其各主体之间都相对独立存在的特性。而思想政治教育协同育人的参与主体主要职能包括：教育主体指导思想政治教育对象，教育实践活动促进教育对象和教育主体的融合以及教育对象接受教育主体的指导，这更要求协同育人各参与主体应具有独立性。

（3）协同育人各参与主体应具有开拓性。协同育人主体在各自育人机制中不仅应具有主动性和独立性，也应当具有开拓性。因为在协同育人机制当中要让每个育人主体不断地进步和破旧立新，在过程中、方法上、内容上和制度上都保有创新性，就需要在协同育人机制当中，充分认可育人主体的相对独立性，让其充分发挥他们各自的主观能动性和开拓性。

2. 实时控制协同育人参与主体的过程

（1）加强教育内部协同。思想政治教育工作应当不仅仅拘泥于课堂教育。管理者与教育者应当充分地探讨开展实践活动的具体方式，二者应当更加紧密的协作，加强互相之间的沟通，这就需要辅导员与学校党团支部以及思想政治课程教师加强协同沟通，提升辅导员工作的针对性，促进党团支部和学生更有效的沟通及开展实践活动，从而更加深入的了解学生的思想政治状态。

（2）加强教师同专业教育的协同。学校要明确教师的录用准则，不断提升专业教师的道德水准、政治思想及职业素养，不断提升专业教师的教风，务必从源头上把握好教师入职的第一道关卡，力争每一个教师都发挥为人师表的作用。教师入职后应当在自己的专业领域中担当起专业领路人的职责，让教育工作者树立传播社会建设所需的正能量、先进理念等，向专业教师传达党和政府在高等教育上的最新要求，并定期地组织专业教师进行思想政治的学习。

（3）专业教师与辅导员的协同。辅导员与专业教师在明确各自职责的基础上，利用充分的沟通等手段找到两者之间在工作内部存在的重叠部分，并利用这些重叠部分开展协同教育。专业教育领域内辅导员和专业教师在不断沟通和加强协同的作用下，更多地体现出了思想政治水平和道德品质培养的因素。

班主任作为辅导员和专业教师之间协同的重要桥梁是有其必然因素的。学校为了检视教学实践中的固有规律，通过充分的沟通将其形成普遍常规化的教育工作和方法，并学习分享优秀经验，亟须构建一个辅导员和专业教师之间工作沟通行之有效的模式，因此，部分思想政治水平高、业务水平高的精尖班主任教师脱颖而出，应运而生成为了这个框架的必然桥梁之选。

班主任在日常专业教育工作中，应当充分利用学生党员的这一优势，让学生党员主动发挥带头作用，将思想政治教育渗透在常规教学目标中。并且班主任为了在教学工作中得到更多的支持，可以和辅导员就专业教育中的思想政治教育渗透问题展开沟通和讨论。

三、思想政治教育的内容协同

（一） 思想政治教育专业课教育协同

高校学生学业教育的模块涉及多个教育因素，包含考风培养、学风引导、专业教育实施等。考风教育一般是让学生带动学生，提高学生的思想道德水平和专业素养，并在学生群体中口口相传，传递正能量，而辅导员和教务处则以预防为主，监察为辅，两者密切合作来确保学生的考风考纪。学风教育则需要校园文化建设工作者、辅导员和学校教师共同努力、互相配合，达到引导优良学风的效果。专业教育是由班主任及辅导员进行配合，由二级学院领导安排，并由专业教师来负责指导。

（二） 思想政治教育政治素养教育协同

思想政治素养的教育丰富了学生的校园生活。在思想政治素养的教育中，扮演主要角色的是辅导员、思想政治课程教师、校史馆工作人员等，他们负责传授的重要政治思想内容主要包含思想品德教育、思想政治素养教育、校情校史教育等。

（三） 思想政治教育就业指导协同

近年来，高校教育越来越多地体现在就业导向上面，一来是当今社会毕业生就业困难是主要趋势；二来就业导向本身就是高校教育的重要内容之一。高校就业指导是指着手开展思想政治教育活动，以未来发展为主题，为毕业生保驾护航。

在就业指导上要注意的是，在学生入学时就及时为其提供就业规划的指导，让学生尽早地习惯就业的职场状态和做好心理的准备。在就业指导时要建立有针对性的、多功能的高校就业指导平台，根据每个学生不同的特点制定个性化、人性化的策略。此外，在就业规划的指导教育方面可以适当地引入心理教育的机制，结合学校就业指导中心和辅导员配合实施指导。

（四）思想政治教育团学教育协同

团学教育具体的呈现是有很多不同的主题，是以团学活动的形式展开的。在校园文化的方向上，可以表现为宿舍文明建设、班级文化建设、学校文体活动等；在学校党建团建的方向上，可以表现为组织学生集体学习党团精神；在社会实践的方向上，可以表现为以青年志愿者活动形式展开的社区义工服务实践；在专业素质培养方向上，可以表现为以团体学习形式展开的学生科技创新教育。

四、思想政治教育的方法协同

（一）思想政治教育方法协同的条件

第一，思想政治教育方法的选择要具有整合性。思想政治教育方法的选择要具有整合性，这是对协同机制集中优势的一个体现。

第二，思想政治教育方法的选择要具有针对性。针对性既指整个协同机制的特色性，也指各教育主体方法的适用性。

为了更好地构建及发展思想政治教育协同机制，我们要选择适合社会发展的、可行有效的思想政治教育协同方法。

（二）思想政治教育方法协同的构建

在思想政治教育协同育人机制的构建上，应该结合机制的特点顺应时代潮流而有效的利用，同时要对有利于机制构建的方式和方法给予吸收和采纳。我们在思想政治教育协同育人机制方法的构建上要学会合理地进行取舍，思想政治教育经过多年的沉淀和发展已经积累了丰富的教育经验和优秀的教育方法：

第一，建立和完善学科权威的教材，建立科学全面的科研成果体系，同时公开透明相关的理论研究成果，建立全方面的社会科学体系，以及对应不同教学特色的高校使用不同的教材，不断完善思想政治教育教材的体系。

第二，要打好思想政治教育理论课和其他课程的配合战，首先，要全面完善地发展好思想政治教育理论教学这个主要干道，同时要协同其他多个干道的课程育人；其次，思想政治教育理论课要切实全面的提升思想政治教育的实效性和亲和性，要始终坚持走在改革开放发展前进的道路上；最后，其他各干道的课程在授课的同时要积极有效的配合思想政治教育的理念的渗透，切实做到各类课程和思想政治教育并肩同行。

第三，思想政治教育的革新要切实注重方式方法以及途径，把重点放在学生的所需所求上。这就要求思想政治教育的创新要从学生实际出发，真正做到思想政治教育协同育人与当代学生特点的革新和发展相结合。此外值得一提的是，目前在社会的互联网大形势背景下，学校也应用了多种新媒体以及增加了学生接触互联网的有效时间，即便如此也还是要警惕学生上网过度的问题，要切实明白互联网只是获取信息资源的一种手段和方式，不要过度沉溺使其占据大部分的生活和学习时间。

第四，思想政治教育工作与党的宣传工作的有机结合离不开高校党委等直接领导的参与。因此要想做好学生的思想政治教育工作，首先也是最重要的条件就是从领导层面给予高度的重视，高校党委等直接领导最好都参与到思想政治理论课的建设当中来。

第三节　思想政治教育协同育人的机制构建

一、思想政治教育协同育人的校内运行机制

思想政治教育的校内协同育人，主要指思想政治教育如何主动地与校内各部门各方面形成合力，将社会主义核心价值观教育渗透到学生成才的过程。高校内部协同育人是高校内部各个育人子系统之间形成的关于德育思维、德育方法、育人技能等方面的德育资源分享机制。按照系统论的观点，作为一个德育系统，该系统的结构可以分为成就氛围、成就启动、成就引领、成就激励、成就导向、成就示范等六个相应的子系统。各个子系统要达成共识，相互配合，齐抓共管，形成合力，才能共同促进学生的成长。内部协同的参与主体都拥有共同目标、内在动力、直接沟通，都必须借助新媒体技术构建资源平台，以大数据的形式进行全方位交流、多样化协作。

（一）思想政治教育校内协同"三全"育人

思想政治教育校内协同育人的理论，除了马克思的合力理论、协同理论以及协同教育

的理论是其重要的理论基础之外，"三全"育人理论也是一个非常重要的理论。

1. 全过程育人

在大学中，"全过程育人"是一种教育理念，从学生成长规律的角度来看，它包含了宏观教育过程、教书育人规律以及思想政治教育规律。这一理念主要分为三个主要阶段：新生基础教育和入学教育、专业教育和专业基础教育，以及创业创新教育和就业择业教育。每个阶段都具有独特的成长特点，因此工作重点也各不相同。

第一阶段，即新生基础教育和入学教育阶段，思想政治教育扮演了关键角色，旨在为学生的科学世界观、人生观和价值观的形成打下坚实基础。

第二阶段，包括专业基础教育和专业教育，此时专业教师和辅导员扮演主要角色。由于他们与学生的接触较多，他们的敬业精神和工作态度对于塑造学生的职业道德具有重要影响。

第三阶段，包括创业创新教育和就业择业教育，虽然时间较短，但对学生走向社会和适应社会至关重要。在这个阶段，辅导员和就业创业指导教师对学生产生显著影响，如果引导得当，将对学生未来的发展产生重要影响。

学生的成长过程可以类比为一棵小树苗的生长，关键时期需要得到精心呵护和指导。这个全过程育人理念旨在确保每个学生都能在不同阶段获得适当的教育和指导，以帮助他们成长为有益于社会的成熟个体。

2. 全员育人

"全员育人"包括了"服务育人""教书育人""管理育人"三个基本要求，其核心概念是所有社会成员既是受教育者，又是教育者。这意味着他们不仅需要接受思想政治工作的指导，还要积极参与其中。"全员育人"是立德树人的实际要求，不同行业和领域的思想政治工作有其独特之处，而工会组织、各级党组织和共青团组织在传播思想政治工作方面扮演着重要角色。广大青少年学生、共产党员，特别是党政干部，是思想政治工作的重点对象。

当前，高校的人员分类包括后勤服务人员、各类专兼职教师以及党政管理人员等，他们都是高校育人的主体，根据其特点和职责，共同承担着育人任务。"全员育人"作为核心环节，是实现高校育人目标的基础存在。它要求高校的所有教职员工都要有高度的育人自觉，从自身做起，树立每个人都具备教育者角色的意识和思想。

3. 全方位育人

全方位育人是思想政治教育立德树人的内在要求，是针对横向的培养领域而言的。

"全方位育人"包括小学、中学、大学（本科与研究生）等教育客体全方位的发展性、德智体美等教育内容全方位的全面性和学校家庭社会等教育主体全方位的联系性等。

（1）"全方位育人"是社会教育、学校教育、家庭教育的全方位广泛联系。当代的大学教育，不仅有教师教风、学生学风和管理人员的工作作风构成的校风以及以党团生活为核心圈层、以各种社团活动为外部圈层、以各类学术活动为中间圈层所构成的校园文化建设等软件环境教育，还有景点、设施、建筑等硬件环境教育；不仅有第一课堂，还有第二课堂。现代大学教育是和社会教育、家庭教育相互促进的，互为因果又紧密相连的一种立体教育。要使广大学生的生活、学习在"育德于环境感染之内，寓教于无形熏陶之中"，就需要将学校教育环境打造成一个具有一定免疫力的世外桃源同时又相对封闭的环境。

（2）"全方位育人"是中学教育与大学教育的全方位的持续发展。要使大学教育更加具有针对性，减少重复性来提升层次（实在无法避免的重复也应在角度和层次上凸显新意），又要在搞好思想政治工作和思想政治教育的基础上把触角伸向更高层次的研究生教育，使广大学生获得更加优质的教育，努力全面实现大学教育的目标，就需要大学思想政治工作和德育工作把教育的事业投射到过去的中学教育中，以便更好地了解中学期间德育的方法、途径和内容。

（3）"全方位育人"是教育指向及其内容的全方位系统全面性。思想政治教育和工作的内容具有全面性，要求德智体美劳各个方面的教育要互相渗透，尤其是要挖掘专业知识中的辩证思维和思想道德的教育元素，进而结合专业的教育将其渗透进去。因为学校需要培养的人才不是仅在一个方面优秀，也不是只仅仅注重智育的缺"德"的发展，学校需要的是德智体美劳全方位的发展人才。我国的传统文化"文以载道"真实表达了这个含义。所以从某种意义上说，所有的教师都应该以自身对专业知识的道德把控以及感悟、加之自己学高身正的师德魅力和人格，作为思想政治工作的传道者，对自己的学生进行专业教育的同时，润物细无声的将思想政治教育贯穿其中。

（二）思想政治部与学生管理部门的协同育人

思想政治理论教学部（以下简称"思想政治部"）与学生教育管理部门的协同，主要是思想政治部与学生处、团委、品牌中心和二级学院合作，凝聚共识，形成内部协同的教育合力。主要形式包括：与学生处、团委和学校关心下一代工作委员会（以下简称"关工委"）联合展开一系列实践活动，利用就业指导中心、心理研究教育中心、学生勤工俭学实体创业园平台、学生学习发展中心、学生资助中心（经济资助、心理扶助、学习帮助和就业援助）等促进学生发展的平台开展咨询服务等。

（三）思想政治部与二级学院的协同育人

党在政治上的领导和思想上的引导，是学生思想政治教育的根本保障。经过各级党委和政府的推动，目前高校逐步建立了党委统一领导、党政齐抓共管、有关部门分工协作的思想政治教育的领导体制。在这种领导体制下，思想政治部主要负责教学工作，学生处及各二级学院系部负责学生的"奖惩助贷"、党员发展及日常管理活动等工作，团委、宣传部、组织部负责校园文化建设、推优工作，心理咨询中心负责心理健康教育工作，就业创业指导中心负责学生就业创业实践工作，学生公寓管理中心负责学生的宿舍服务和管理工作，教务处负责学生学籍、学风建设等工作。不少高校还成立了学生思想政治教育指导委员会或学生工作委员会，在党委的统一领导下，对思想政治教育进行统一规划、建立制度、组织协调、具体指导和督促检查等。通过指导委员会对全校学生思想政治教育进行全局设计、制订总体规划，从而在大方向上统筹课内和课外的思想政治教育，统筹教书育人、管理育人和服务育人，统筹思想政治课教师、辅导员的工作队伍，在全局上推进了思想政治教育。

（四）思想政治课实践教学与团学活动的协同

思想政治课实践活动以实践教学与理论教学的结合为切入点，以较为系统地体验社会主义核心价值观，培养学生科学世界观、价值观、人生观为重点，教学活动中理论和实践结合得更加紧密。实践活动遵循品德、观念内化规律和尊重道德学习主体化要求，重视组织的严密性和计划性，借此进一步升华对理论的认识和理解，直至内化为学生行为标准。思想政治课实践要发挥本课程系统性、理论化的优势，以直接经验或认知性实践为支撑，让青年学生把所学知识深刻、全面、准确地纳入自身的知识体系或重建知识体系，达到提升学生理论素养的育人目标。

团学活动主要指大学里由团组织和学生会以及社团组织开展的活动。主要有晚会活动、文化节活动、辩论赛、演讲比赛、文艺演出、文体比赛、心理辅导、勤工助学、志愿服务等，这些活动基本上是在团委、学生会等团学组织的统一管理下由学生向团委提交申请、自己主办的，"社团"是团学活动的基本载体。团学活动以培养学生的社会活动能力、提高学生综合素质为重点。团学组织通过开展大量的实践活动，锻炼学生的社会活动能力。因此，团学组织要发挥实践活动实战性、基础性的特长，以实际训练或者基础操作为一定的支撑，提升学生的实战水平和实践能力。

思想政治课的实践教育结合和团学活动的开展要在学校党委的统一指引下，成立专门的学习实践小组（可以由相关的工作人员和学生担任干事职位）在确立好思想政治课的团学活动和实践活动的时间安排、执行程序、基本内容、后勤保障和经费安排等事宜的前提下，由学校高层的领导进行设计相关的制度，与团学部门和思想政治教育部门探讨以及沟通全校学生的实践活动的具体构架和方案，切实建立和安排好学校团学组织和思想政治部门的对话机制。

在总体框架内，团学部门和思想政治部门根据学生的成长成才规律、教学计划等仔细梳理出待开发的和现有的学生活动，制定出严格的活动计划执行方案，归纳出切实可行的实践活动的内容。在具体操作上，团学活动与思想政治课实践活动的结合应该以团学组织活动为辅助，课堂实践活动为主。因为学生上大学前的学习毕竟是始终锁定在课堂上的，从学习习惯上说，课堂上的思想政治课的实践教学更符合新生的学习习惯。一方面教师可以系统全面的讲解理论知识来适应学生长久以来的学习习惯，使学生顺利实现中学到大学学习之间地过渡；另一方面要在课堂内组织理论学习、论文写作、辩论赛、演讲比赛、新闻播报、模拟法庭、主题讨论、经典视频播放等内容来满足多数同学的实践要求。

二、思想政治教育协同育人的校外联动机制

外部协同育人主要是产学研协同，特别是高校与科研院所、行业企业、地方政府及纪念馆等进行深度合作、相互融合，着力打造产学研协同创新平台与模式，共同培育高素质人才。

高校、社会组织、地方政府对在校学生的培养都有不可推卸的责任，也是高校、社会组织、地方政府以人为本、为民服务、创建幸福城市、创建和谐城市的具体表现，如果地方政府、社会组织和区域内高校都能参与思想政治课协同育人，必将推动社会和谐发展。可见，思想政治教育校外协同育人的问题，实际是如何整合社会德育资源来促进思想政治教育水平的提高，进而提升高校学生综合素质的问题。

（一）走出合作型

走出合作型是指学校积极走出校门，与社会各界合作，将思想政治教育融入社区、企业和政府等外部环境中。这种模式的优势在于学生能够亲身体验社会生活，深入了解不同领域的现实问题，从而更好地理解理论知识的实际应用。例如，学校可以组织学生参与社区服务活动，让他们亲自感受社会的多样性和复杂性，提高社会责任感。

（二）引进合作型

引进合作型是指学校引入外部资源，如专家学者、政府机构和社会组织等，来共同参

与思想政治教育的实施。这种模式可以通过邀请专家举办讲座、举办研讨会或合作开设实践课程等方式实现。引进外部资源可以丰富教育内容，提高教育质量，同时也能够激发学生的学习兴趣，激发创新思维。例如，学校可以邀请政治学家为学生讲解政治理论，或者与社会组织合作开展社会调研项目，让学生亲身参与研究工作。

（三）项目合作型

项目合作型是指学校与社会合作开展特定项目，将思想政治教育与实际问题相结合，培养学生的综合素质和解决问题的能力。这种模式强调实践性和目标导向，通常需要学生在团队中合作完成一项具体任务。例如，学校可以与企业合作开展社会责任项目，让学生通过实际行动，解决一些社会问题，同时提升团队协作和领导能力。

思想政治教育协同育人的校外联动机制是一种多元化的教育方式，能够更好地满足学生综合素质培养的需求。通过走出合作型、引进合作型和项目合作型三种模式的灵活运用，学校可以更好地培养具有思想政治觉悟和社会责任感的优秀人才，为社会发展和进步做出更大的贡献。同时，这些合作模式也有助于打破学校与社会之间的壁垒，促进教育资源的共享与整合，推动教育体系的不断创新与发展。

第五章　新时期思想政治教育的实践育人机制

第一节　实践育人及其理念与功能

一、实践育人的认知

实践是高校通过资源信息的整合，创造出一系列具有应用性、社会性、导向性和实践性的实践活动，通过引导高校学生进行实践活动达到成长成才的最终目的，从而使学生逐渐成长为一个敢于实践开拓、勇于创新创造、坚定理想信念、基础学问扎实，并具有高尚道德情操的综合型应用人才。实践是实践育人的核心，实践育人是高校教育教学和人才培养的主要抓手，其有一定的理论基础。实践育人是贯彻党和国家高校育人政策的一个重要举措，是高校思想政治教育工作的重要路径和手段。其可以引导广大青年学生在实践中树立国家情怀、增强实践能力，可以构建党委统筹部署、高校着力实施和社会广泛参与的实践育人协同体系，可以提高高校整体的实践资源信息的整合能力，可以推动青年的实践和高校理论的相结合，可以说，实践的作用是巨大的。

实践育人是遵循个体成长规律和教育发展规律，以受教育者在课堂获得的理论教育知识和间接经验为基础，将实践意识渗透到受教育者生活成长的各方面，充分发挥受教育者的主体作用，引导受教育者利用理论教育知识与生活经验完成特定的目标和任务，从而使受教育者知识水平提升、思想道德品质提高的一种教育方式，以及在此过程中总结形成的科学教育理念和具体可操作的方法。

从主观的层面上看，实践育人的主体是学生。外因是事物变化发展的条件，内因是事物变化发展的根本依据，外因通过内因起作用。实践育人的过程是外因和内因共同作用的结果，在重视外部资源和条件的整合开拓前提下，也要注重学生自己积极主动性的激发。因此，高校应当强化实践的内驱动力的来源，充分调动学生发挥自身的主观能动性，提升参加实践活动的内驱力与自省力，积极投身到第二课堂的社会实践中去。

从理论层面上看，实践育人的核心就是实践。这个方面则要注重这个协同机制的领头作用，如党委的统筹部署牵线、政府的推动支持、高校的大力实施和社会上的广泛参与等，在协同机制下共同实现学生锻炼成长的育人成果。

从客观层面上看，实践育人的目的是育人。高校应当联合各大参与主体形成构建实践育人共同体，广泛凝聚力量形成育人合力。政府应营造协同育人的机制和相关方针政策，企业应充分发挥社会效益，给学生提供更多的实践锻炼平台，高校应做好实践育人的组织策划和实施开展等工作，家庭应配合学校和社会做好家庭实践教育。

二、思想政治教育实践育人的理念引领

思想政治教育实践理念是在思想政治教育现实背景基础上，对实践育人目标的理想追求，对思想政治教育实践育人理论体系的理性思考，对思想政治教育实践育人未来发展的理性追问。

（一）"科学实践"理念

科学实践是马克思主义哲学首要的和最基本的观点，强调整个自然界都是人类实践活动的对象，是人类认识的基础和源泉，是人的生存方式和生活的本质，也是社会历史的产物。科学实践理念主要指向理论指引和思想认识层面，具体从以下三个层面深化理解：

1. 立足现实的人

"以人为本"思想是对人的价值、尊严、自由、权力等马克思主义以人为本思想的回归，是对我国古代"民贵君轻"民本思想的升华，是中国共产党执政理念的重大转变和飞跃。准确把握以人为本的科学实践理念，需要从人的社会存在和个体存在两个层面加以理解。

（1）现实的人是社会的群体存在物。任何人都无法脱离群体而独立存在，人的群体性生活一方面是家庭的小群体，另一方面是社会的大群体。人真实地感受着自己的存在，同时也关注着他人的存在，是在与他人的交互中生活和成长，离开了他人，也就没有了自己的生活和成长，这种交互存在共同成长，不是外在的、偶然的、短暂的，而是内在的、长期的、必然的。

人在社会存在中的形式和方式，构成人的意识存在的重要前提和条件。学生思想政治教育实践育人，必须在人的社会存在基础上研究和分析学生的意识存在，只有这样，学生思想政治教育实践育人才会具有普遍意义。因而绝不能以个性发展为由削弱乃至淡化共同理想和价值观的培育。

当今时代尤其要更加突出学生集体主义、爱国主义和社会主义核心价值观的践行和引领。重视学生课外活动和社会服务，通过道德观念的体认，使学生在实践过程中形成社会责任感，是实用主义实践哲学的重要体现，在具体的教育实践过程中收到了很好的效果。学生正处在思想成长、价值观念确立的重要阶段，以现实的人为本的科学实践育人理念，不能单纯从学生个人的喜好出发，一味迁就甚至盲从学生个体的价值选择，要按照党和国家关于学生思想政治教育的总体目标和基本内容，作为教育实践活动总的依循，用中国特色社会主义理论和社会主义核心价值体系引领学生，提升他们的思想认识水平和道德情操境界。

（2）现实的人是独立的个体存在物。每个人相对于其他人而言，都是独立存在的充满生命力的活体。除了表现在人的躯体是独立存在、无法替代的，更为重要的是人的思想认识、心理活动等意识层面的东西更是相互独立、千差万别的。人的正确认识来源于人脑对客观世界的真实反映，客观世界的复杂性、多样性，导致人与人对客观世界认识的不同，对客观现实的思考见解不同，从而决定了人与人思想观念的差异。人的个性倾向中的理想、信念、价值选择、是非判断等，指引着一个人的成长方向，决定着一个人的成长道路，预示着一个人的成败荣辱。青年学生正处在个性形成和彰显的关键时期，不能忽视学生的这些个性特征，而是要给予充分地理解和信任。

因而，实践育人的形式不能千篇一律，内容不能整齐划一，而是要在充分考虑学生个体认识水平、接受能力的基础上，定位实践育人的目标内容，确定教育实践活动形式方法。正视学生自我意识不断增强的现实特点，顺应学生思想观念、价值追求积极主流的方面，引导学生自主融入实践活动，在平等、信赖、和谐的良好实践活动氛围中不断实现自我否定、自我扬弃、自我塑造和自我超越。

2. 坚持德育为先

教育的最终目的是育人，育人的核心在于立德。德育是教育的一个重要组成部分，它的主要功能是向年轻一代传递一定的政治观点、哲学思想和道德规范，并使之转化为一定的思想品德。中华民族历来重视人的道德情操的修行，中华民族优良的道德传统强调国家、民族精神。推崇"仁爱""仁者爱人""己欲立而立人，己欲达而达人"是人们正确处理个人同他人关系的基本准则，对保持和谐的人际关系，维系社会稳定发挥了重要作用。追求高尚的理想人格，"自强不息""刚健有为""见贤思齐"，体现出古代君子的生活态度、人生追求和精神境界。

道德行为是人们思想品德的外在表现，人的思想品德要在相应的道德行为中才能得以展示。同时，思想品德也不能单独依靠理论教化和机械记忆获得，而是在道德行为实践过程中，领悟体验，经过长期的道德行为的磨砺，最终内化为人的道德情操和品质。所以，我国古代教育家一贯重视道德行为实践。孔子特别看重"躬行"，主张"听其言而观其行"。墨子也十分注重身体力行，强调"士虽有学，而行为本焉。""务言而缓行，虽辩必不听。"朱熹强调实践"爱亲、敬长、隆师、亲友之道"，是"修身、齐家、治国、平天下之本。"学生社会主义道德规范的养成，只有在具体的道德实践活动中，躬身以行，心领体悟，才可能转化为他们的道德信念和情感，成为一生坚守的道德行为习惯。科学实践理念指导下的学生思想政治教育实践育人，要把德育为先贯穿始终，发挥实践在道德体验和道德养成中的特殊作用。

3. 保障可持续发展

学生思想政治教育实践育人的可持续发展，是可持续发展理论在思想政治教育领域的具体运用和重要实践。公平性、持续性、共同性是可持续发展理论的基本原则。共同发展、协调发展、公平发展、高效发展、多维发展是可持续发展的内涵。在我国，科学发展观全面系统地论述了可持续发展理论，成为科学发展观的重要内涵。

可持续发展是科学实践理念的重要体现，学生思想政治教育实践育人遵循科学实践理念，做到可持续发展，形成长效机制是关键。要切实提高各级党委、政府，特别是高校党委、行政对学生思想政治教育实践育人的思想认识，真正形成国家、社会、学校三位一体共同推进的领导体制；要不断加强制度建设，健全相关法律法规及配套协调机制，建设与时代要求相适应，与学生成长需求相贴近，与高等教育发展相吻合的制度体系；要重视队伍建设，依托思想政治教育学科理论，按照职业化、专业化、专家化的要求，培养一大批政治强、业务精、纪律严、作风正的思想政治教育骨干队伍，为学生思想政治教育实践育人活动可持续发展提供强有力的组织保证。

（二）"大实践"理念

从哲学角度讲"大实践"属于当代实践背景条件下的马克思主义实践观，它是根据马克思主义实践观的大视野、大思路、大境遇、大方法对当代实践意蕴的哲学反思，也是立足当代实践的广阔空间、复杂环境和多维手段对马克思主义实践观的丰富发展。大实践理念主要指向认识视域和拓展空间层面，需要从以下三个方面加以认识：

1. 全球化观念

全球化是指当代人类社会生活的活动空间正日益超越民族国家主权版图的界限，在世界范围内展现出全方位的沟通、联系、交流与互动的客观历史进程及趋势。全球化背景下，随着我国开放力度的不断加大，辅之人类交通技术的发展，特别是海陆空立体交通体系的形成，使得人类的交往走出家庭、单位、社区的狭小圈子，超越地区、国家的范畴，日益走上国际化、全球化。

当代学生已经脱离校园围墙的羁绊，越来越成为国际交往中的人。信息化是全球化的一个重要特征，在其传播方式上，它以穿越地空的信息高速通道作为传输媒介，以日益普及的多媒体电脑、手机等作为收发工具，实现了高效率、大容量、即时、便捷的传播特性。在信息内容上，实现了各地区、各民族、各国家新闻、历史、文化等最大限度地展示和交融。在开放性上，信息一旦进入网络，就将无视地域的边界，任何人随时随地都可以自由阅读，发表个人言论，上传、发布新的信息。

信息覆盖了人们现实生活的各个领域，随时产生着各种波动、变化和影响。这就要求我们从全球化的视野把握实践活动对人与世界关系的深刻影响，把全球化作为学生思想政治教育实践育人探索和研究的背景，把实践活动置于全球范围视域内思考、设计和推进。在"大实践"理念引领下，学生思想政治教育实践育人才能顺应时代性，以一种新的观念、新的意识、新的方法、新的手段在更广阔的领域得以展开和实现。

2. 开放化观念

确立和形成"大实践"理念，需要有开放的观念，这一逻辑思维可以在开放教育理论中得到印证。开放教育无论是在教学时空、教学模式、教学媒介等方面都体现出新兴事物符合当代教育事业发展的新趋势。在全球化浪潮席卷世界的背景下，各个国家和地区教育的相互开放、彼此沟通、取长补短、加快发展已达成广泛共识，并不断取得实质性进展。

开放观念下教育实践模式呈现多元化，传统的教育实践主要是教育者根据教育目标和任务对受教育者实施理论验证和行为规范，"大实践"理念下的开放教育实践应当突出以受教育者为中心，根据受教育者的需要和兴趣随时调整实践的内容和方法，以适应学生的需求变化。

开放观念下，教育实践活动就要以学生的时间、地点和需要为根据，随时随地调整实践时间和进度，只要受教育者有实践的愿望，随时都可以介入实践教育环节。特别是在当下网络信息技术高度发达的条件下，开放教育有了全新的教育形式和教学途径。

开放观念下的教育实践最显著的特征是实践媒介的现代化和实践内容的丰富化，教育者不必单纯通过现实媒介面对面地指导受教育者体会思想政治理论知识，可以通过现代多媒体技术和网络信息技术随时随地引导受教育者感悟教育信息和内容。这样一来，优秀的教育资源不再受实践场地、时间、经费等方面的制约，使得优秀的教育资源通过现代化的技术手段得到科学合理配置，比如，开放深受学生欢迎的思想政治教育专题网站，就可以使更多学生有机会得到这种优质教育实践资源的启迪和感染，从而更好地实现思想、政治、道德、心理和行为等各个方面的提升。

3. 系统化观念

所谓系统是指由若干相互联系、相互作用的要素所组成的具有一定功能的有机整体。从系统观念解读学生思想政治教育实践育人"大实践"理念主要体现为"四性"，具体如下：

（1）多维性。实践的多维性可以从不同角度和层面去理解。从实践的内容看，实践是以满足人生存需要的经济活动为核心的系统性活动，学生思想政治教育实践育人就是对其进行爱国主义教育、理想信念教育、思想道德教育，最终推动和达成学生全面发展的培养目标；从实践的过程看，实践是不断创造发展的统一整体，学生思想政治教育实践育人，就是通过教学实践、校园文化活动、军事训练、社会实践等实践过程，通过教育工作者创造性的组织实施，通过学生自身的自主实践和主动参与，取得实践过程的独特育人效果；从实践的目的看，实践的目的是认识，是社会历史性的统一整体。学生思想政治教育实践育人，就是要通过实践活动，按照时代的要求，考察学生是否符合社会主义建设者和接班人的标准，检验学生思想认识的正确性，提升思想认识的层次性，稳定思想认识的行为性。

（2）相关性。相关性主要是指两个因素之间存在联系的时候，一个变量会随着另一个变量变化，分成正相关和负相关两种情况。学生思想政治教育实践育人活动包含诸多相关性因素，例如：学生思想政治教育实践育人的主体与客体、主渠道与主阵地、学校教育实践与社会教育实践、他律实践与自律实践、显性教育实践与隐性教育实践、现实环境实践与虚拟环境实践、实践动机与实践效果、实践目标与实践评价等，都需要学生思想政治教育理论工作者和教育工作人员系统分析，深入研究，最大限度发挥学生思想政治教育实践育人相关因素的正相关作用，降低负相关作用，全面提升学生思想政治教育实践育人的整体质量。

（3）动态性。实践育人整个系统的各个要素是运动和发展的，这些要素之间相互联系又相互制约。"大实践"理念下，就是要时刻关注要素的变化，在动态中寻求规律，在发展中谋求创新。以学生思想政治教育实践育人面临的环境为例，包括现实生活中的社会环境、学校环境和家庭环境，也包括虚拟生活中的网络信息和媒体环境。人是环境的产物，环境是决定人的实践活动的决定因素。学生思想政治教育实践育人面临着宏观与微观交织，现实与虚拟转换，这样一个错综复杂、动态变化的环境。确立学生思想政治教育实践育人"大实践"的理念，就是要面对不断发展变化的环境，主动改造、优化和利用环境，充分利用和发挥环境对学生思想政治教育实践育人的积极影响，克服消极影响，提高实践育人的实效性。

（4）层次性。学生思想政治教育实践育人的层次性体现为实践教育目标的层次性、教育内容的层次性。教育对象的层次性、教育方法的层次性，需要在"大实践"理念引领下，整体思考，统筹谋划，系统推进，只有这样才能有效保证实践教育目标在社会性与个体性上的统一，保证实践教育内容普遍性与特殊性的兼容，保证实践教育对象的共同性与差异性的关照，保证实践教育方法继承性与创新性的同步。

高等教育国际化日益深入和发展，为此作为思想政治教育工作者，应该以更加开放的姿态、更加包容的胸怀面对学生思想政治教育实践育人的新情况、新矛盾、新问题，对学生思想政治教育实践育人进行科学预测和研判，实施有效指导和引领。

（三）"生活实践"理念

生活是人类赖以存在和发展的现实依托，为思想政治教育实践育人提供了最为广阔的空间和丰厚的土壤。

"生活实践"理念来源于"生活教育"和"生活世界"理论。我国近代著名教育家陶行知先生是"生活教育"理论的首创者，也构成其教育思想的重要部分。在他看来，生活教育就是以生活为中心的教育，教育寓于生活之中，与生活同在同生。马克思的生活世界观从唯物主义的历史高度，确立了生活世界的物质性、历史性、实践性、辩证性，把生活世界还原为一个无所不包的广袤范畴。

人类现实生活的世界，为身临其中的每一个人修行思想品质、道德情操提供了足够空间和必要条件。生活实践理念主要指向平台路径和实际操作层面，是学生思想政治教育实践育人应当遵循的重要理念。

1. 尊重主体性

生活是现实人的生活，人是生活的主体，但不可以把人看作是"孤立的""单个的"，而是"现实的个人"，不是处于某种虚幻的离群索居和规定不变状态中的人，而是处于现实的、可以通过经验观察到的、在一定条件下进行的发展过程中的人。"生活教育"理论关注人的现实生活，离开了人的存在，生活教育、生活世界都无从谈起。

思想政治教育来自现实生活，并在现实生活世界中产生、发展和变化。思想政治教育影响人、改造人、提升人，这既是思想政治教育的出发点，也是思想政治教育的最终归宿。人的主体性地位不是先天形成的，而是在长期的生活实践和社会活动中逐渐确立的，人的主体性地位的形成，是人主宰生命进程，把握成长历程的开始。实施学生思想政治教育实践育人，要凸显教育的价值理性，把学生作为教育实践活动的主体，防止客体或中介的反主体化，也就是主体自身的异化。

学生是现实生活世界中的人，更是未来生活世界的引领者和主人。重视学生在实践和认识活动中的地位和作用，把学生作为实践育人活动的主体，充分唤起学生的主体意识、责任意识、成长意识，发挥学生在思想政治教育实践活动过程中的自觉性、主动性和创造性，通过自主的实践活动，能动地选择和接受教育信息和影响，主动地进行自我教育，最终达到全面发展的教育目的。"培养大学生的自我教育能力，要以大学生自我教育主体意识被激发为基础，通过营造学校、家庭、网络等良好的外部环境，让大学生在良好环境的影响下，自觉产生自我教育的主体需求，改变被动的学习模式，激发起大学生自我教育的内在的自主性、能动性和创造性，自主安排自己的教育活动，积极主动地投入到自我教育中。"①

2. 提高整体性

生活是无所不包的广袤领域，涵盖了人的一切活动，比如，物质的和非物质的、日常的和非日常的。思想政治教育实践育人是由实践主体自身的思想意识和物质生产活动等共同组成的统一体，因此在生活实践中人的思想的发展变化不是单纯由任何单一方面的改变来实现的，而是许多方面协同作用的结果，总体上是各种物体相互作用着的结果。

对学生思想政治教育实践育人的研究应当由注重单一方面向注重多方面转变，从整体性原则出发，综合地利用生活教育的各个方面、各种因素，使思想政治教育实践育人的丰富性、多样性在我们的理论思维中得到充分体现。不仅重视生活实践与学生思想政治教育的因果关系，而且要关注二者的结构关系、功能关系，关注生活实践部分与部分、部分与整体、整体与社会环境等等之间的关系，关注各个部分通过何种方式相互作用并综合地决定思想政治教育实践育人的整体效果，实现思想政治教育实践育人研究由单一向全面、由相对静止向动态发展的方面转变，从而综合地、立体地、系统地利用现实生活丰富、复杂的资源，构筑起生活教育在学生思想政治教育实践育人中的整体性功能。

3. 重视生成性

回归生活世界，就是要回到以实践为前提的人的现实生活世界。实践是人的感性活动，同时也是人的物质生产活动。人的实践活动不是盲目的，而是有目性的，包括生产劳动这一实践活动，不仅是人区别于动物的生存手段，更包含了人的目的性，这种目的性不在劳动的过程之外，而体现在劳动的整个过程之中，在这个过程中达到的目的只能是人自

---

① 张晓红. 大学生自我教育能力提升的对策研究 [J]. 常州信息职业技术学院学报，2020，19（06）：52.

身的发展和完善。

人的普遍意义在于现实生活，现实生活是实践的，实践是一个充满活力、无限生成的过程，人本身也是一种生成性的存在物，不是静止停留在已经成为的某种形态，而是无时不刻处在不断变异和发展的状态中。从这个意义上讲，实践既造就了人的现实性，也促成了人的超越性，反复不断地锤炼着人之为人的本质和内在规定性，正是在这种反复更迭中，推动着人的自我提高、自我更新、自我发展和自我实现。实践生成原则，在学生思想政治教育实践育人的理论思考和现实工作的把握中应当得到高度重视。

三、思想政治教育实践育人的功能定位

实践育人作为学生思想政治教育的重要形式和手段，遵循了教育的基本规律和人的成长的内在规律，是理论教育的有效延续和拓展，具有极其重要的功能和作用。

（一）实践育人是知行转换的重要途径

经过系统严密的思想政治理论课程教育，学生对思想政治教育理论体系有了比较全面的了解和掌握，形成了学生头脑中关于思想政治教育内容的知识系统。但是，理论体系的认识并不等于理论变成了行动的自觉，不等于学生思想深处已经真正认同这种理论体系，不等于自觉把这种理论体系作为自身的思想指导和价值追求，不等于学生思想政治教育任务的终结和完成。

理论来源于实践，并在实践过程中不断得到充实、完善和发展，离开了实践，理论就成为无源之水，无本之木。所以，真正的理论就是从客观实际抽出来又在客观实际中得到了证明的理论。反过来讲，实践也离不开理论的指导。

理论不仅可以用来解释世界，而且可以用来规范人们的实践活动。源于实践的理论，不仅是对实践活动的总结、概括和提炼，更是对实践活动的反思、批判和超越，因而理论对实践具有引领功能。离开了理论的指导，一切行为实践都会失去方向。

从理论和实践的辩证关系中可以领会到，学生思想政治教育实践育人的过程，就是借助一定的方法和途径，在现实实践活动中验证课堂所学思想政治理论的科学性与正确性，加深对思想政治理论的理解和认识，逐步将思想政治理论内化为学生的思想素质、价值观念和道德标准，外化为学生自觉的行为表现。同时，在实践活动过程中使得思想政治教育理论得到提升、完善和发展。学生思想政治教育实践育人正是担负着知与行转换的桥梁纽带作用，并使这种转换成为可能和常态。

（二）实践育人是客体认识的重要方法

实践是架起主体与客体联系的桥梁，主体只有借助一定的途径才能达到对客体的全面了解和正确认识。在人们的实践活动中，客体是被主体认证的对象，是实践活动的指向物。主体改造客体的活动，包括改造自然界、改造社会和改造人与人之间的关系，这种改造是在主体对客体一定认识的指导下进行的，反过来主体对客体的改造过程又加深了认识的广度和深度。也就是说认识是改造的基础，改造是认识的深化。

实践活动中无论是对客体的认识还是对客体的改造，其最终目的都是为了达成主体的某种预定需要，是主体有目的、有计划、有步骤的活动。在这一过程当中，主体要揭开客体神秘的面纱，唯一正确的道路就是选择和采用适当的方法。科学研究和发现作为人类实践活动的重要组成部分，每一次重大进步和发现都取决于实践方法的创新和利用。比如，爱因斯坦相对论得益于验证实验方法和演绎方法，航空技术的进步受到了仿生学的启发，计算机科学技术利用了系统论方法等。

学生思想政治教育实践活动，作为改造主客观世界的重要方式，其实践客体是变幻不羁、抽象复杂的，完成对客体的认识和改造，更是离不开实践方式作为开山之斧、渡河之船。例如，学生对于中国特色社会主义理论的认识，在课堂学习理解的基础上，通过深入社会调查，在翔实的数字、确凿的事例面前，加深对中国特色社会主义理论科学性、正确性的确认。通过融入现实环境、身临其境，切实感受在特色理论指导下，中国社会发生的巨大变化，增强对科学理论的情感体认，进而不断内化为投身社会主义现代化建设的思想指南，达到理论武装头脑和指导实践的最终目的。

（三）实践育人是主体作用的重要媒介

从马克思主义哲学的角度理解，实践具有工具性、能动性特性，在主体和客体之间起着媒介和桥梁的作用，一方面，把主体的影响和作用传递给实践的客体，另一方面，又把客体的反映传导给实践的主体，在这种循环往复过程中，实践主体始终处于主导地位。主体的思想观念、价值判断、审美意识等作为主体活动的动力系统和内在尺度，对于主体活动的指向性、优先性以及对活动的操控等起着决定性作用。人的任何实践活动，无论是生产劳动、社会考察、社会服务，还是科学实验、交往实践、审美鉴赏等，都需要在相应的方法手段下得以实现。离开了作为工具的实践活动，主体与实践客体的联系就无法建立起来，实践主体对客体的作用和实践客体对主体的反作用就不能发生，因而实践活动也就无法正常进行。

实践活动作为一种工具，其作用表现为，它帮助人们处理实践活动面临的具体情境和问题，实现人的目标和目的。作为一种工具，它帮助人们探得隐藏在事物和现象背后的秘密与规律。作为一种工具，它帮助人们用已知的经验和理论来解决具体活动中的具体问题。在教育活动中主体利用实践方法这一工具，从来不是被动的，始终是主观的、能动的。

认知发展理论认为，事物发展的内因和外因是相互作用的，人的心理发展是主体与客体相互作用的过程，这一过程受个体主观能动性的控制和调节，心理发展经历着主体自我选择、自我调适的建构过程。同样，在思想政治教育活动中主体对实践方法的选择具有主观能动性，实践育人的过程是主体对实践活动方式方法的自主筛选、利用。人们在实践过程中得到不同的认识和成果，靠的不是头脑中固有的知识和经验，而是把知识和经验转化为实践的具体路径。

在现实生活中，知识储备、外部环境大体相当的人，因为实践方式方法的选择和利用不同，取得的成就大不相同的例证不胜枚举。所以，实践育人作为学生思想政治教育的重要媒介，为学生发挥主观能动作用，实现实践育人效果的最优化创造了条件。例如，学生思想政治理论课教师利用多媒体技术设计开展的模拟实践教学，学生自发组织的理论学习社团活动等，深受学生欢迎，调动起学生自主参与的积极性和主动性，从而收到了很好的实践育人效果。

第二节 实践育人与思想政治教育的关系

思想政治教育实践协同育人是思想政治教育工作的重要环节和途径，一方面受思想政治教育理论的指导，另一方面又有着相对独立的理念系统，是针对学生群体所开展的实践育人活动最核心、最本质的要求，是对实践育人活动的理念思索与价值追寻。

一、实践育人遵循思想政治教育的发展规律

实践育人作为高校思想政治教育的重要内容，遵循思想政治教育的发展规律。

第一，人的思想品德形成发展规律。实践是学生思想道德建设的重要途径。学生思想道德教育的实践过程，就是通过主客互动，实现主客和谐统一的实践过程。高校学生是思想政治教育的主体，其思想政治教育的内容只有通过学生自愿或自觉的实践才能获得他们的思想认同，进而逐渐内化为他们自身的思想道德素质，外化为个人的道德行为选择。

第二，实践促进人的社会化进程。人的社会化进程伴随着人的思想品德形成发展的过程，人的个性品质、行为方式、价值观念等都是在与外在进行互动即实践的过程中形成的。同时，实践可以增进人与客观世界的接触，推动人去处理自我与客观世界的关系，在这一过程中逐步完成自身的社会化进程。

第三，实践育人可以激发学生自我教育的内在动力和互动作用。在实践活动中，师生共同参与，既有教师的指导和引导作用，又充分发挥了学生中的朋辈教育作用与学生自身的主观能动性，这是实践育人对课堂理论教育的重要补充。

二、实践育人是思想政治教育的有效途径

加强和改进学生思想政治教育需要结合社会实践，实践育人作为高校思想政治教育工作的有效途径，不仅推动高校思想政治教育工作的开展，也是提升高校育人质量的切入点和突破口。

第一，凸显思想政治教育目标。学校的思想政治工作要围绕培养社会主义事业建设者和接班人的根本任务来进行，实践育人通过动员学生参与实践活动，引导学生在实践中坚定政治立场、掌握科学文化知识、提升道德品质、承担社会责任，进一步践行了党和国家的教育方针，彰显了思想政治教育的目标。

第二，拓展思想政治的教育渠道。实践育人作为高校思想政治教育工作的重要途径，将思想政治教育的内容贯穿于各高校实践活动之中，在实践活动中进一步拓宽思想政治教育的道路。

第三，整合思想政治教育资源。实践是认识的来源，丰富生动的实践活动是思想政治教育理论的源泉。思想政治教育作为科学理论，随着时代的进步呈现出发展性的特点，学生思想政治教育工作不能仅封闭在现有的理论知识体系中，要通过实践育人的实践活动引导学生广泛参与实践活动，在实践参与中认识马克思主义中国化的最新理论成果，从而进一步把握发展着的思想政治教育理论。同时，实践活动可以最大限度调动整合思想政治教育资源。实践育人是以高校为主导的，党委政府、社会、家庭等多方协同参与的育人方式，实践育人可以充分整合思想政治教育自然资源、社会资源、媒体资源等。

三、思想政治教育是实践育人的重要保障

第一，实践育人的根本保证是思想政治教育。思想政治教育的导向性要求教育者将实践活动引导向社会所需要的发展方向上来，以此纠正偏离正确方向的实践活动，保证实践活动能够产生教育者预设的效果。培养什么样的人、怎么培养人、为谁培养人是教育的根

本问题，坚持用马克思主义中国化的最新理论成果武装头脑，以此保证高校实践育人工作是在坚持社会主义办学方向下进行。

第二，思想政治教育为实践育人提供理论支撑。思想政治教育对实践育人的理论支撑源自实践认识论。人的实践并非等同于动物的本能行为，而是在科学认知的前提下进行内在世界和外在世界的改造活动。实践是主观见之于客观的活动。

第三，确保实践育人的实效性。思想政治教育通过对思想政治教育工作者进行思想政治教育理论知识和党的教育方针的教育，从而使思想政治教育工作者具备组织、指导和改进实践活动的能力，从而保证了实践育人工作的实效性。

第三节　思想政治教育实践育人的结构形态

一、思想政治教育实践协同育人的内容结构

（一）社会服务型实践协同育人

社会服务型实践协同育人按照实践内容可以划分为以下类型：

1. 文化、科技、卫生"三下乡"活动

文化、科技、卫生"三下乡"活动是指引导学生在实践过程中充分发挥自身的理论知识优势，深入农村和城镇的社区、企业、学校、工厂和军队等，开展环保、普法、支教、医疗、科普、宣讲等各类实践教育活动。"三下乡"活动的主要目的是引导学生走进"三农"，了解和认识"三农问题"，围绕乡村科技、经济和社会发展的热点问题，开展深入的调查研究，将以上问题分区域、分行业、分类别地进行讨论分析，形成较为成熟的专题研究报告，将具有建设性意义的调研报告汇报至相关部门，从而推动高校与地方对接，促进理论与实践、课堂与社会互动，最终实现服务"三农"的目标，为地方科技进步和经济社会发展做出贡献。

学生在"三下乡"实践过程中可以加深与人民群众的联系，积极宣传党的理论政策，传播现代科技文明，实现了解国情和增长才干的统一，使学生在参与社会建设中实现精神思想的深化，坚定服务于人民的信念，增强社会责任感，提高认知能力、适应能力、思维能力、创新能力和实践能力。

2. 卫生、法律、文体、科教"四进社区"活动

卫生、法律、文体、科教"四进社区"活动，作为"三下乡"活动内容的重要延展，是学生实践锻炼、运用专业知识、服务社会的好课堂，已发展成为服务社会精神文明建设与学生成长成才需要、适应时代需要的实践教育服务活动。

卫生进社区，即高校组织医学专业的学生帮助建立健全医疗卫生服务站，为居民提供便捷的医疗卫生服务，开展医疗卫生常识宣传咨询，为困难家庭等群体提供卫生保健服务，倡导健康生活的观念。

法律进社区，即不断提升社区居民的普法意识和完善社区的法治法律环境。具体需要高校组织学生深入社区开展法律援助、普法宣传、法律咨询等活动，与社区建立长期持久的服务指导制度。

文体进社区，即推动先进文化的传播，丰富社区居民的文化生活。具体需要组织学生利用社区现有的文体设备主持各种各样丰富多彩的社区群众的文体活动，开展社区图书室、文艺演出等社区活动。

科教进社区，即通过编写科普教育读本、创办社区科普文化宣传栏等方式方法，普及宣传科学的生活知识和生活观念等，来提高居民的生活质量和生活水平。具体需要高校组织学生在社区与居民以建和谐社区、讲科学文明等为主题思想，举办科普演出、科普旅游、科学竞赛、科普展览等活动。

3. 社会咨询、理论宣传与技术服务

理论宣传服务是指学生在校内外宣传党的理论方针政策的实践教育活动，学生做好理论宣讲服务的前提是学生自身弄懂理论，用群众易于接受的语言方式给群众讲清楚道理，消除群众思想上的困惑，学生还要掌握理论联系实际的能力，使理论宣讲服务能够解决实际问题并指导实践活动。

技术服务是高校组织学生运用专业技术和经验等在大学校园内、城市社区和乡镇农村为人民群众提供技术服务，如维修自行车、电视机等生活电器之类的技术服务。

4. 青年学生志愿服务活动

青年学生志愿服务活动在增强思想政治教育实践协同育人方面发挥着重要的积极的作用，是增强学生社会责任感、奉献精神和公民意识的优良载体，对学生开阔视野、丰富人生阅历和提高参与社会公共事务的能力发挥着重要作用，对建设社会主义和谐社会也发挥着积极作用。

（二）劳动教育型实践协同育人

劳动教育型实践协同育人主要根据劳动内容的性质划分为以下三种类型：

1. 勤工助学活动

勤工助学活动由勤工俭学演变而来，经济社会的发展为其赋予了新的时代内涵。勤工助学活动的内容形式丰富多样：一是校内勤工助学活动，包括生产实践、自我服务、文化娱乐和助教助研岗位；二是社会勤工助学活动，包括家教服务、商品促销、技术培训、科技开发、市场调查和企业兼职。

随着经济社会的发展，当代学生勤工助学活动的内涵和外延不断丰富，勤工助学的参与对象不再局限于家庭经济困难的学生，学生逐渐开始出于认知社会、丰富经历、追求经济独立和锻炼能力的目的参与其中。勤工助学活动已由最初的解决经济问题的活动演变为一个实现人的全面发展、推动社会经济发展、缩小固有教育方式培养出来的与社会实践需要的人才差距的重要实践活动的形式。

2. 劳动实践教育活动

劳动实践教育就是关于劳动思想、劳动知识和劳动技能教育的实践性教学活动，是教育者根据教育大纲的要求，有组织、有计划地安排生产性的集体活动，向受教育者传授现代劳动生产的基本知识和专业劳动技能，使他们在劳动生产的实践过程中树立劳动观念，练习劳动技能，培养劳动能力的实践性教学活动。

劳动实践教育必须将生产性集体劳动作为主要形式，通过劳动生产过程中的实践操作培养学生的基本劳动能力，在集体性劳动中培养学生的集体主义精神和奉献精神，最终引导学生树立正确的劳动观。

3. 环境保护活动

随着经济社会发展，人们逐渐意识到环境保护的重要性，认识到人与自然的和谐统一和人类社会的可持续性发展之间的关系。

学生们面向社会广泛进行环境保护和环境调查活动，利用文艺晚会、主题演讲、摄影展览等形式唤醒人们的环境保护意识；高校内部也应逐渐重视学生的环境保护意识的培养教育。

二、思想政治教育实践协同育人的形态特征

思想政治教育实践协同育人作为思想政治教育的重要内容，是在马克思主义实践认识

论的基础上，遵循思想政治工作规律、教书育人规律、学生成长规律形成的科学教育理念，渗透于思想政治教育工作的各个环节，与教书育人、管理育人和服务育人、科研育人、组织育人、心理育人、环境育人、网络育人和资助育人等相互补充和促进，共同组成高等教育"十全育人"体系。思想政治教育实践协同育人以学生为参与主体，通过实践的方式促进主客体的相互作用，形式多样且内容丰富，这些本质特性决定了其具备自身的形态特征。

（一）价值性与知识性相统一

思想政治教育实践协同育人具有价值性与知识性相统一的特点，这不仅是理论认识问题，更是实践理性问题。在思想政治教育实践协同育人过程中，价值性与知识性统一的实现需要正确的实践理性和科学的实践方法才能得以实现。

价值性与知识性的辩证统一，集中体现了思想政治教育实践协同育人作为一种教育实践活动呈现出来的本质特点。思想政治教育实践协同育人的知识性体现在教育的目标、内容和载体的各个方面。思想政治教育实践协同育人的教育目的包括使教育对象掌握马克思主义理论知识和习近平新时代中国特色社会主义思想，使学生能够掌握、记忆、理解并应用这些知识，同时通过传递以上知识，培养学生的思维方式和价值理念，从而促进学生的素质向有利于个体和社会的正向发展，这体现了思想政治教育实践协同育人作为教育实践活动的知识性本质特点。思想政治教育实践协同育人除了关注学生对马克思主义理论等知识的掌握，更关注如何使学生形成正确的政治观念和价值倾向，并将其应用于个人实践，这体现了思想政治教育实践协同育人作为教育实践活动的价值性本质等。

从认知心理学的角度，道德、信仰等是比判断、推理等单纯的逻辑思维更复杂的认识活动，因为它们较之后者，会更多地受到情感、意志、性格等非理性心理因素的影响。理性认知只有在情感作为催化媒介的条件下才能转化为价值标准，情感是促进个体内在认知价值转化的动力。思想政治教育实践协同育人活动相较于思想政治理论课的理论教学，最大的特点就是注重学生的体验，将学生从理论知识中拉回到现实生活实践中来，使学生在情境体验的过程中催生出情感，从而促进理论知识向价值观念和行为标准的转化。

思想政治教育实践协同育人是从科学的认识论出发，坚持将实践教育的精神和方法贯穿知识教育始终，体现在两方面：一方面，思想政治教育实践协同育人在教育中实践。如课内实践教学的案例教学，结合生活实例和现实经验进行知识理论的讲授，使学生在设身处地地感受中接受实践教学的教育影响；另一方面，思想政治教育实践协同育人在实践中教育。通过开展实践教育活动，使学生在现实的社会实践生活中亲身体验并接受教育。

（二）主导性与主体性相统一

思想政治教育实践协同育人过程中，思想政治教育者与学生都是主体，思想政治教育者是"主导性主体"，学生是"学习性主体"，二者在实践育人的目标中实现双向互动。

在实践育人过程中，思想政治教育者的主导性主要体现在教育和引导，其关键在于教育引导的思想和方法。从原则上而言，思想政治教育者在实践育人过程中用马克思主义理论和马克思主义中国化的理论成果教育引导学生。学生在学习成长过程中可能会出现思想和行为上的偏差，这种偏差会在实践活动过程中表现出来，由此可能会对实践育人的实施过程和育人目标的实现产生干扰，思想政治教育者在实践教育的过程中用实践活动过程中的客观事实来纠正学生的思想错误；从方法层面上而言，思想政治教育者在实践育人过程中注重对学生的启发，在实践过程中引导学生自己发觉、思考、讨论和解决现实问题，从而使正确的思想政治观念和道德标准真正被学生认可接受并融入学生的人格形成过程中。

思想政治教育实践协同育人凸显实效性，充分发挥学生的主体性作用是必不可少的前提，思想政治教育的内容真正内化成学生思想观念和道德品质的一部分才能得以实现。学生是学习性主体，就意味着学生在学习过程中不是被动学习而是主动学习，是自己将自己作为教育对象的"自我教育"，因此学习型主体的学习方式应当是"探索式学习"而非是"接受性学习"。思想政治教育实践协同育人过程中，思想政治教育者围绕现实实践开展教育，提高学生的学习参与度与主体自觉性，在实践过程中指导学生适应和改变环境，认知和发展社会的能力。

思想政治教育实践协同育人的目标体现了社会价值与个人价值的统一：社会价值层面上，需要培养有理想信念、担当民族复兴大任的时代新人；个人价值层面上，需要实现个人的德智体美劳的全面发展。思想政治教育实践协同育人是实现个体政治社会化的重要途径，通过实践教育活动，学生在理论知识的基础上进一步获取认知，在情感催化的媒介作用下增强政治和社会认同；通过实践活动中的改革开放建设成就、脱贫攻坚成就等元素引导学生投身社会主义现代化建设，个人价值与社会价值的统一就是在思想政治教育者主导性主体和学生学习性主体的互动交融下实现的。

（三）显性教育与隐性教育相统一

思想政治教育实践协同育人将政治观念、道德标准等思想政治教育的内容融入具体的教育教学和实践活动中，通过设置具体的情境并利用多种资源对学生进行思想政治教育，体现出显性教育与隐性教育相统一的特点，具有以下优势：

第一，教育形式具有隐蔽性。实践育人过程中弱化了思想政治教育的内容设置，形式上具有隐蔽性。学生在接受思想政治教育的过程中处于更为自然的受教状态，因此可以减少学生的抵触心理和防备心理，从而利于实践育人达到润物无声的育人效果。

第二，教育过程具有趣味性。实践育人以具体的实践活动为载体，例如社会实践、志愿服务、参观学习等，在特定的情境中进行理论阐释，在活动参与和问题解决的过程中启发学生，在具有趣味性的参与过程中实现从被动要求学生变为学生主动需要。

第三，教育资源具有宽广性。实践育人广泛利用形式多样且丰富的教育资源，例如校园文化、博物馆、广播电视台甚至是时政热点等，将以上内容融入实践育人过程中，将思想政治教育内容蕴涵于教育资源中。

第四节　思想政治教育实践育人的机制构建

中国特色社会主义进入了新时代，这对我国高校人才培养提出了更高质量和更高标准的要求。通过实践活动教育和培养学生是开展思想政治教育工作的关键环节和重要内容，是培养学生担当意识、创新精神和实践能力的必要途径。在中国特色社会主义新时代，高校实践育人呈现出的新趋势和新特点，对构建和实施具有新时代特征的实践育人新体系提出了新要求，只有更好地发挥出实践活动在高校中的育人作用，才能更好地实现高校人才培养的目标和要求。实现该目标需要全面推进思想政治教育实践协同育人体系，构建"政府、社会、学校"三位一体的实践协同育人工作格局，全面提高实践育人的质量和水平。

一、深化思想政治教育实践协同育人的理论认知

结合新时代育人理论与实践，现阶段思想政治教育实践协同育人工作需要在认知上进行全面的、系统的、深入的加强和更新。面对新时代育人工作的新形势，高校需要自觉地应用马克思主义的观点和方法，从整体和系统的高度去紧扣"全面深化"的主题，从而把握住思想政治教育实践协同育人工作的全局。

（一）理解思想政治教育实践协同育人的目标任务

改革开放以来，我国思想政治教育实践协同育人工作已走过 40 余年的历程，已形成了较为明确的改革方向和目标。但由于时代发展等现实因素，不可避免地存在着部分对实践育人的目标任务、具体内容认知不全面等问题，需要在时代进程中去解决。

思想政治教育实践协同育人工作的根本目标和核心任务是立德树人，立足于人才培养与学生全面发展的多维性，对新时代实践育人的目标任务进行多层次的理解和把握。从精神层面上看，新时代实践育人就是引导学生将理论学习与实践体悟相统一，实现自我价值和家国理想的共鸣，不断涵养创新精神和奋斗精神，使学生不断增强社会责任感，从而服务于祖国和人民；从能力层面上看，新时代实践育人就是促进学生掌握现代的专业知识、经验技术和操作技能；从道德层面上看，新时代实践育人就是通过开展丰富多彩的实践活动，让学生在活动参与中践行道德标准，在道德行为中形成道德认知、培育道德情感、强化社会责任感，真正做到"明大德、守公德、严私德"；从意识层面上看，就是通过各类实践活动引导学生深入到企业工厂、街道社区和爱国主义基地等实践一线场所，目的在于培养中国特色社会主义事业的建设者和接班人，使其成为担当民族复兴大任的时代新人。

实践是实践育人的重要环节，育人是实践育人的主要目的。正在发展的社会和变迁的时代不断赋予实践育人以新的时代内涵，新时代实践育人必须从理论与实践两个层面不断思考和回应"什么是实践育人""如何开展实践育人"等关键问题，要求高校必须立足于中国特色社会主义建设实际，始终服务于立德树人的根本任务。需要先明确"我们处于什么样的实践中""立什么样的德""树什么样的人"这几个时代命题。实践育人是处于实现中华民族伟大复兴的实践中，在中国特色社会主义建设伟大实践中培养人；实践育人服务于立德树人的根本任务，"立德"服务于"树人"，"树人"的前提是"立德"，重点在于"立大德"和"树新人"，这两者是辩证统一的关系。

协同育人视域下的实践育人工作是在马克思主义理论的指导下，将习近平新时代中国特色社会主义思想和社会主义核心价值观融入实践育人的内容体系，在科研创新、公益服务、社会实践和文化传承等实践中引导学生树立正确的世界观、人生观和价值观，从而明确时代使命和社会责任。协同育人视域下的实践育人工作应当从时代发展的长远目标和阶段性目标两个维度来变化、发展地理解自身的目标任务。

（二）把握思想政治教育实践协同育人的阶段特征

一代人有一代人的使命，一代人有一代人的担当，不同时代的实践育人也相应具有不同的阶段特征。随着改革开放逐步深入，实践育人的主题和特点不断丰富鲜明，更加侧重于学生思想政治素质、社会责任感、创新意识和实践能力的培养。随着中国特色社会主义进入新时代，实践育人也将进入全面深化阶段，全面地、发展地把握新时代实践育人的阶段特征，对于促进新时代实践育人体系实现新发展具有更重要的作用。

1. 全面落实以人为本的理念

实践本质上就是对人的潜能的挖掘，只有充分尊重人的主体性因素，才能真正提高人的创造能力和实践能力。以人为本的现代育人理念，其根本目的就是通过教育使人成为真正的人。真正的教育应该是关注完整的人的成长与发展的教育，教育发展的衡量标准就在于能否真正促进人的全面发展。对美好生活的需要已成为中国特色社会主义现阶段发展的迫切需要，新时代实践育人必须全面贯彻落实以人为本的育人理念。

新时代实践育人体系的构建和运行的关键在人，其目的和价值也在于人，是为了保障思想政治教育工作顺利进行，提高人才培养质量，最终实现学生的成长成才和全面发展的目标，使学生的成长符合党、国家和社会的期待，成为能够担当民族复兴大任的社会主义建设者和接班人。在实践育人过程中全面贯彻以人为本的理念，就是将学生的发展置于实践教育活动的核心地位，在高校实践育人的全过程中树立尊重学生、理解学生、关心学生和服务学生的理念，实践活动的内容贴近学生生活实际，立足学生发展回应学生需求，在实践育人活动中充分调动学生主体的主观能动性。

2. 全面推进协同创新的体系

协同育人视域下的实践育人工作是一项系统工程。在实践内容和形式上，新时代实践育人体系包括思想道德养成实践、社会服务实践、劳动服务实践、校园文化实践等，涉及人的社会生产活动、精神活动、文化体育活动等；在结构上，新时代实践育人体系包括动力体系、协同运行体系、保障体系和评价机制等子系统；在实施主体上，新时代实践育人包括高校、政府、企业、家庭等众多单元。实践育人丰富的实践内容、多样的形式手段和多元的实施主体决定了实践育人体系系统的要素间需要协同发力。

中国特色社会主义进入新时代后，社会转型的实际情况使实践育人的丰富程度和复杂程度明显提升，更需凸显实践育人系统的协同创新特点，即系统地构建实践育人系统内部的各要素，从顶层设计和实施路径两个角度实现各要素间的同向同行。首先是从顶层设计角度而言，需要从系统思维和思想政治教育大格局出发对实践育人的顶层设计进行系统探索，从宏观目标上回答"实践育人将走向何方""实践育人的推进主体是什么""如何推进实践育人"；其次是从实施路径的角度而言，要在顶层设计的前提下构建起多维度、多层次的实践育人具体的实施路径和方法。

（三）优化思想政治教育实践协同育人的理念原则

高校在深刻理解和把握实践育人的理论内涵的基础上，应切实把握新时代实践育人的新特征，遵循高等教育思想政治工作、教书育人、学生成长的三大规律，坚持相应的优化原则，实现思想政治教育实践协同育人的创新性发展。

第一，坚持能力培养与道德养成相统一的原则。思想政治教育实践协同育人既要重视学生学习理论知识、专业本领和发展能力的需求，又要重视思想政治教育实践协同育人的育人本质功能，必须坚持能力培养与道德养成相统一的原则，克服在思想政治教育实践协同育人活动中的知识化、功利化倾向。牢记高等教育的根本问题，坚持高校立德树人的根本任务。不仅重视学生的创新创造能力，也要培养学生的社会责任和道德品质，把培养能力和道德养成相结合，真正践行为社会主义国家培养人，全面贯彻落实党和国家的育人政策。

第二，坚持校内主动与校外联动相统一的原则。在全社会范围内开展思想政治教育实践协同育人活动，实现政府、社会、家庭和学校的联动合作，真正实现将教育与生产实际、社会服务结合起来，有力提升育人质量与效果。要发挥高校的主导和桥梁作用，推动校内实践活动符合地方社会经济发展需要，服务地区建设需要，促进与校外单位、企事业机构达成人才培养的协作条例。通过顶层设计整合校内外资源，拓宽思想政治教育实践协同育人活动的渠道，形成思想政治教育实践协同育人的合力。

第三，坚持过程监控与科学考核相统一的原则。过程监控和科学考核是两个提高思想政治教育实践协同育人的关键环节。从要素运行、功能发挥的管理角度实现过程监控，可以保障思想政治教育实践协同育人按照既定目标和原定计划推进。用形成性评价、综合性评价等形式实现科学考核，可以及时有效地跟进和调整思想政治教育实践协同育人。过程监控与科学考核相结合能够为思想政治教育实践协同育人提供强有力的保障，避免思想政治教育实践协同育人脱离过程监控后陷入放任自流的状态，脱离科学考核后就会成为无根之木，把握好过程监控的过程性、发展性以及整体考核的地位与价值。

二、完善思想政治教育实践协同育人的动力来源

不断完善思想政治教育实践协同育人的动力来源是思想政治教育实践协同育人活动得以深入推进和实现纵深发展的前提和基础。培养具有国际视野、德智体美劳全面发展的时代新人，先要完善涵盖外部环境推力和能够激发主体内在驱力的动力来源。

思想政治教育实践协同育人的动力来源主要包括内生性动力因素和外生性动力因素，其有效运行需要两者共同作用。思想政治教育实践协同育人的内生动力是回答"我为什么要实践""实践对我有何价值"。高校在开展思想政治教育实践协同育人工作时，要充分发挥实践活动对学生内部世界的改造功能和效用，构建能够满足人的需要、实现人的自我

价值和社会价值的实践活动，激发学生自发地认识和改造内在世界和外在世界的根本性动力。思想政治教育实践协同育人的外生动力是教育者使用组织管理、环境营造、引导调控等手段对思想政治教育实践协同育人活动予以导向和促进。例如国家政策、规章制度、奖励激励以及文化导向等作用于思想政治教育实践协同育人目标。

（一）思想政治教育实践协同育人动力来源的原则

思想政治教育实践协同育人动力是内生性动力和外生性动力相互作用的过程，我们既要兼顾两者的作用，又要协调好动力生成过程中实践主体的主动性激发和被动性影响的关系。

1. 内外动力统筹兼顾原则

社会实践本质上是人认识和改造主客观世界来满足自身和社会需要的感性活动，是将个体与社会、主观世界与客观世界统一的过程。该过程中，内生性动力与外生性动力共同作用于人类社会的发展过程，在处理内外动力关系的时候，需要秉持统筹兼顾的原则，使二者在运行过程中保持同向同行的关系，共同推进实践育人动力系统的有效运行。

（1）发挥内生动力的关键作用。事物发展的根本原因，不是在事物的外部而是在事物的内部。作为根本原因的内在矛盾，决定了内在动力在实践育人动力系统中的决定性作用。唤醒和激发内生动力的前提和基础就是肯定和尊重人的需要和价值，激发学生参与实践活动的关键就在于实践活动本身是否符合个体需要以及能否实现个体价值，只有实践主体自愿自发地参与实践活动，才能在满足主体需要的同时实现主体的社会价值。

（2）发挥外生动力的推动作用。外部环境的推动作用于内生动力基础上，通过对实践主体外在的驱动实现对个体思想和行为的引导和塑造。外生动力主要表现为对思想政治教育实践协同育人发展方向的制度保障和方向要求，例如国家政策对思想政治教育实践协同育人的要求、社会环境对人才培养的需要、意识形态对思想政治教育实践协同育人活动的主导等。思想政治教育实践协同育人工作的有效开展，离不开内外动力的合力作用，只有坚持统筹兼顾的原则，才能为思想政治教育实践协同育人提供持续有力的作用力。

2. 主被动性协调推进原则

人是在主动性和被动性的相互作用下感知自身存在，逐渐认知自我，最终实现自身价值的存在。在思想政治教育实践协同育人过程中，要协调好人的主被动关系，从而形成有效的推动力。充分发挥人的主观能动性。在实践中，人们基于自身需求和价值需要对外界提供的信息进行甄别和选择。可见，人的行为选择不仅受到外界环境的影响，更多会受到自身主观能动性的驱使，从而实现满足自身需要、实现自身价值和履行自身责任的目标。

思想政治教育实践协同育人要着重调动实践主体的主观能动性，以激发实践主体积极主动地参与实践活动。尊重人在思想政治教育实践活动中的被动性。思想政治教育实践协同育人的价值就在于通过实践帮助实践主体更好的认知自我、完善自我和发展自我。人们的行为选择不仅基于自身的需要，还会受到包括自然界、社会环境等一切外在因素的影响。在思想政治教育实践协同育人活动中要认识到人受到社会历史环境的制约，及时掌握相关的国家政策、人才需求等。

（二）思想政治教育实践协同育人动力来源的策略

完善思想政治教育实践协同育人动力来源既需要激发实践主体实践需求的内生动力，又需要促进实践主体积极体验的外生动力。

1. 激发主体实践需求的内生动力

实践主体实践需求的内生动力主要包括满足主体内在需要、彰显主体存在价值、促进主体行为选择三个部分。其中满足主体内在需要对应的是人才培养的具体要求，彰显主体存在价值是参与实践的内在动力，促进主体行为选择是实践育人开展过程中的具体举措。

（1）满足主体需要的内生动力。成才是学生的内在需要，也是驱动学生行为的主要动力和衡量标准，包括自身综合素养的提升和社会环境的价值肯定。既要满足实践主体自我提升的需要，学生是实践活动的主要参与群体，实践活动的设计需要充分考虑不同年级、不同专业和不同群体类型的学生自我提升的需要；又要满足实践主体服务社会的需要。在思想政治教育实践活动中对实践主体的认识和能力进行改造和提升，同时实践主体参与的思想政治教育实践活动能够有效推动社会的进步，从而实现实践主体改造世界服务社会的需要。高校实践活动的开展，需要政府、高校工作人员、实践单位、社会组织等多方参与和组织，积极打造可以服务地方区域经济社会发展的实践活动。

（2）彰显主体存在价值的内生动力。在具体的思想政治教育实践活动中，除为学生提供实践机会外，还应通过实践参与活动充分肯定和认可学生的主体价值。随着新时代赋予学生的主体价值以新的内涵和要求，思想政治教育实践活动的开展也应当实现相应的目标。既要广泛征求学生意见，鼓励学生参与实践活动的组织策划，拓展思想政治教育实践协同育人的活动形式；又要在思想政治教育实践活动设计组织时应突出学生的专业属性，活动开展与学生的专业发展相结合，突出学生的主体地位。学生对思想政治教育实践活动的形式要求和专业要求充分体现了学生的主体地位，不仅保证了新的实践活动能够以学生乐于接受的形式开展，还能够满足学生的思想特点、专业需求和价值追求，充分调动学生的主观能动性。

（3）激励主体行为选择的内生动力。以学生为中心凸显自主性，激发学生进行自主的行为选择，对提升学生的综合素质、培养学生的创新意识和提高学生的实践能力具有重要意义。激励学生的行为选择同样需要结合学生自身的利益，增强学生在思想政治教育实践活动中的获得感与成就感。结合学生的利益需要包含两个层次，即尊重学生个体的利益和尊重学生群体的利益。高校可以立足于学生个体发展广泛搭建实践平台，如工科类学生的思想政治教育实践活动需在侧重实验技能提升的同时注重实践能力的提升培养，以适应将来工作岗位的需求；理科类学生的思想政治教育实践活动需要侧重于科研创新能力的培养，以适应将来科研培养的需求。学生在实践活动中得到了锻炼，能够取得相应的成绩并促进自身的发展，从而激发他们的内在动力。高校还可以利用集体利益刺激实践主体参与思想政治教育实践活动的主动性。如组织学生参与社区、事业单位、企业等的志愿服务活动，引导学生在实践活动中贡献力量，在集体活动中接受集体主义的教育，从而形成相应的社会责任感和集体主义精神，又在集体主义精神的感召下主动参与思想政治教育实践活动。

2. 推动主体实践体验的外生动力

在探讨推动主体实践体验的外生动力时，可以将思想政治教育实践协同育人的外生动力划分为政策导向力、竞争引领力和氛围推动力。

（1）政策发力型的外生动力。政策就是国家在一定历史时期内以权威形式标准化地制定的具体措施，体现了国家对社会发展方向的要求。育人政策的制定和落实为社会各界各单位提供了方向指南，这些政策的制定与实施为高校开展思想政治教育实践协同育人工作提供了强有力的支撑。高校在开展思想政治教育实践协同育人的过程中，应始终坚持国家的政策导向，深入贯彻和落实相关政策要求，充分利用思想政治教育实践协同育人政策的导向力为其提供外在动力。

（2）竞争导向型外生动力。竞争是利用个体或群体力图压倒对方的心理，对其进行激励、引领和规范作用的机制。思想政治教育实践协同育人的外在竞争引领力能够增强实践主体的主观体验、提高实践主体的积极性和主动参与性：①思想政治教育实践协同育人的物质导向。高校可将学生参与实践活动的情况纳入学生综合测评范围，如对在社会实践、创新创业、志愿服务等方面有突出表现和突出成绩的学生予以附加分奖励，并将学生的实践活动参与情况纳入学生奖励评定体系作为物质利益的参评依据。②思想政治教育实践协同育人的荣誉导向。一方面是以精神奖励的方式鼓励学生积极参与实践活动，如将社会实践活动的参与情况纳入学生标兵、优秀学生等荣誉的评选标准中；另一方面是用荣誉称号等精神奖励，广泛动员思想政治课教师、辅导员、班主任指导和参与学生实践活动的积极性。最后是完善社会实践纳入课程学分制度。目前，高校普遍已将社会实践的考核及学分纳入专业人才培养方案。

（3）文化氛围在思想政治教育实践协同育人过程中起精神推动的作用。健康向上的思想政治教育实践协同育人文化可以对实践活动的各主体进行有效引导和督促，还能够在思想政治教育实践活动中凝练出求真求实、奉献创造的精神品质，从而引领学风、校风：①利用宣传媒体对校内的思想政治教育实践协同育人工作进行宣传报道。高校应当邀请相关专家学者开展学术研讨、专题讲座、经验分享会等，引导学生充分了解参与思想政治教育实践活动的重要意义，引导学生树立正确的实践观，激发学生参与思想政治教育实践活动的主动性；②对思想政治教育实践协同育人的经验总结和成果转化。高校在组织思想政治教育实践活动时也需要注重后期的经验总结和宣传报道，促进后期工作的制定凝练和成果转化。

三、提升思想政治教育实践协同育人的协同运作

思想政治教育实践协同育人作为一项系统工作，不仅需要各高校的积极努力，也需要地方各级政府、社会各界的力量支持。整体而言，思想政治教育实践协同育人的协同运作包括校内协同运行、校外协同运行和校内外联动。

（一）思想政治教育实践协同育人协同运作的要素

思想政治教育实践协同育人协同运作过程中的基本要素包含实践主体、实践客体、实践环境和实践内容，要素间相互共同作用于思想政治教育实践协同育人的运行。

第一，实践主体。思想政治教育实践协同育人中，实践的主体是参与实践的人。思想政治教育实践协同育人工作的开展需要国家政府、社会组织等多个主体参与配合完成，因此思想政治教育实践协同育人具有多主体性。其中，学生作为思想政治教育实践协同育人活动的主要实践主体，是思想政治教育实践活动的核心参与对象，也是将理论知识转化为现实行为的应用者。只有学生积极主动地参与思想政治教育实践活动，才能真正实现理论知识的内化于心、外化于行。

第二，实践客体。实践客体是在思想政治教育实践协同育人过程中，可以被实践主体感知或可以想象到的事物。思想政治教育实践协同育人中的实践客体一般指实践过程中使用的育人资源，包括实践的对象、实践的方式、实践的载体等，实践的客体并非一成不变，而是随着时代的发展和社会的进步而演变的。只有在思想政治教育实践协同育人过程

中正确认识和把握实践客体，不断发展实践客体，才能真正推动实践主体的自我发展和完善。

第三，实践环境。实践环境包括影响思想政治教育实践协同育人的内部环境和外部环境，既包括实践活动周边的小环境，如校园环境、家庭环境等，又包括思想政治教育实践活动面临的社会大环境，如经济文化环境、政策环境等。其中内部环境会对思想政治教育实践活动的内容、形式和载体等提出相应的要求，外部环境会对思想政治教育实践活动的人才培养质量、实践主体的能力、实践活动的效果等提出相应的要求，内外部环境的相互作用共同形成了思想政治教育实践协同育人运行的环境条件。

第四，实践内容。实践内容主要是思想政治教育实践活动的主题和宗旨，当前思想政治教育实践内容主要有教学实践、志愿服务、勤工助学、创新创业等。思想政治教育实践内容需要根据时代和环境的发展，以及实践主体、实践客体等的发展及时做出调整。

（二）思想政治教育实践协同育人协同运作的要求

任何事物的有效运作都需要遵循相应的要求与原则，思想政治教育实践协同育人的有效运行也需要遵循基本的实践活动规律和系统发展规律。

1. 科学理念引领

思想政治教育实践协同育人的有效运行需要科学理念为实践活动提供理论指导。思想政治教育实践协同育人想要回应"育"什么样的"人"的问题，就应当尊重学生主体的地位，接受学生的个体性差异因材施教，用正确的实践观和育人观指导实践活动。

（1）坚持以人为本的育人理念。在思想政治教育实践协同育人活动中将学生的全面发展作为活动开展的根本目的，通过组织开展思想政治教育实践活动培养德才兼备的学生。

（2）坚持因材施教的育人理念。尊重学生的个性化差异，根据学生的年龄、性格、专业、年级等特点和心理开展更具针对性的思想政治教育实践活动。

2. 共享理念导向

思想政治教育实践协同育人运行涉及多种的基本要素，只有以共享理念为导向才能实现立足世情、党情、国情、社情、民情开展实践活动。立足思想政治教育实践协同育人资源总量受限、分布不均等现实，推进思想政治教育实践协同育人活动的协同运行。

（1）在组织思想政治实施育人活动的过程中要充分尊重政府、企业、事业单位等的意见，促进实践成果和思想政治教育实践平台的多方共享和共用。

（2）通过制度政策等保障思想政治教育实践协同育人的成果覆盖所有学生。

（3）构建思想政治教育实践协同育人"共同体"共享资源。

3. 部门联动机制

思想政治教育实践协同育人的协同运行需要坚持系统论的指导，推进思想政治教育实践协同育人多主体的衔接配合。

（1）完善地方政府和国家相关部门的联动机制。在国家层面上，由共青团中央、教育部等部门统筹制定思想政治教育实践协同育人的相关政策。在地方层面上，完善以地方政府为主导、教育部门牵头、相关部门配合的联动机制，在地方区域协调解决不同地区的思想政治教育实践协同育人重难点问题。

（2）完善高校内的相关部门联动机制。高校在思想政治教育实践协同育人工作中应坚持学校党委的统一领导，学校办、宣传部、教务处、学工部、研工部、校团委等各部门相互配合。

（3）完善高校与政府、社会的长效沟通联动机制。高校应坚持完善以党的领导为核心，协调各方力量共同参与的治理主体结构，形成在党领导下的，高校为主、政府指导、社会支持、内外联动、各方协同的主体格局；激发高校、政府相关部门、家庭、社会相关组织等多方主体力量参与思想政治教育治理的积极性和主动性，促进其各尽所能，形成合力育人的良好局面。

4. 全员参与格局

想要保证高校实践育人工作的有效运行，还需要将"全员参与"纳入思想政治教育实践协同育人有效运行的基本原则。

（1）充分发挥高校内部各类教师的引导作用。坚持做到"全员育人"，即要求高校的全体教职员工都要成为"育人者"，在辅导员层面，需要在设计、参与、准备、实施和总结的过程中，增强学生参与思想政治教育实践活动的积极主动性；在专业的教师层面，要倡导教师使用广泛开展案例、体验式教学等教学实践活动。

（2）充分挖掘政府、家庭及校友的潜在育人作用。思想政治教育实践协同育人活动作为区别于课堂教学授课的第二课堂，需要充分发挥政府、校友和家庭的育人优势。在家庭层面，家长应与学校达成育人共识，帮助家长认识思想政治教育实践协同育人活动的重要意义和实践育人的科学理念，主动寻求家长的支持，在家庭实践生活中形成育人合力；在校友层面，要加强与校友的沟通，利用校友的社会资源和母校情谊为学生广泛争取实践资源和平台；在政府层面，通过校园政策宣讲等进行集体主义教育，鼓励更多学生参与奉献社会、走进基层的实践活动。

（三）思想政治教育实践协同育人协同运作的策略

思想政治教育实践协同育人的协同运作需要找准顶层设计、组织协调、工作机制、实际运行四个着力点共同发力，实现思想政治教育实践协同育人的高效运行。

1. 顶层设计

从顶层设计上实现部门的协同联动，需要充分发挥政府、家庭、校友等关键群体的作用，广泛争取多方的支持与帮助，实现思想政治教育实践协同育人活动在社会范围内的延伸与资源整合。

从国家、地方政府角度而言，要从政策制定的角度对思想政治教育实践协同育人进行引导；从高校角度而言，要完善以党委为统一领导，党、政、工、团齐抓共管的管理制度，成立专门的思想政治教育实践协同育人工作领导小组，小组成员涵盖党办、校办、宣传、教务、科研、学工、团委、财务、后勤、保卫等部门负责人，负责实践育人的总体规划和实施方案，对思想政治教育实践协同育人的过程进行监督、管理和评价。同时，要将思想政治教育实践协同育人工作纳入学校中心工作格局，确保思想政治教育实践协同育人工作目标写进各单位的人才培养方案，思想政治教育实践协同育人工作成效成为各单位年度考核的重要指标。

2. 组织协调

思想政治教育实践协同育人协同运行和工作内容要细化，要求高校整理出责任清单。财务部门负责将思想政治教育实践协同育人的经费列入学校的整体预算中，合理制定实践活动的经费比例，对思想政治教育实践协同育人经费的使用进行严格的把控和监督；教务部门负责将思想政治教育实践协同育人活动纳入人才培养计划，通过培养创新创业项目、搭建实践基地、设置合理的学分和开设实践性课程等方式开展思想政治教育实践协同育人工作；校团委负责学生主题教育、社会实践、志愿服务等实践活动的组织安排；宣传部门主要负责思想政治教育实践协同育人文化宣传和氛围营造，通过线上线下、新媒体技术等形式手段开展思想政治教育实践协同育人先进事迹和典型案例的宣传报道。

3. 实际运行

实践基地是思想政治教育实践协同育人的重要依托，在思想政治教育实践协同育人的运行中发挥着重要作用。各高校要在现有县内外实践基地的基础上，拓展实践基地建设，使校内基地联动，与校外基地对接，打造多校联合、线上线下相结合的实践基地运行模式。

（1）立足高校内部资源的有限性，拓展实践教学平台和实践基地的建设，例如，开放实验室、科技平台、创新基地、专业见习基地等平台，增强学生校内实践的多样性和多元化，同时增加资金投入，保障实践基地内部的场所、设备配备齐全。

（2）对接校外实践基地。高校应积极争取与校外实践基地实现对接，推动校外实践基地真正发挥育人实效。

（3）建设新型实践育人基地。面对社会现代化发展需求，利用线上实践活动的共享性和时空优势尝试建设线上实践平台，充分调动学生参与实践活动的积极主动性。

第六章 新时期思想政治教育的环境育人机制

第一节 教育环境与思想政治教育环境的认知

一、教育环境

（一）教育环境的功能

环境对生活在其中的事物具有非常重要的影响作用。思想政治教育要在一定的环境中实施，思想政治教育环境会对思想政治教育实施的进程、效果、目标等产生一系列的影响作用，甚至在一定意义上左右思想政治教育的成败。实施思想政治教育不能忽视其环境的影响作用。教育环境在个体和社会层面都扮演着至关重要的角色，它具有多种功能，旨在塑造和影响学生的认知、情感、社会和职业发展。

第一，知识传递和促进学习。教育环境最基本的功能之一是传递知识和促进学习。学生在课堂、实验室和图书馆等地获得知识，从而培养思考、解决问题和创造的能力。这不仅仅是学科知识，还包括价值观、道德准则和文化背景的传递。

第二，个人发展。教育环境有助于个人的全面发展。通过教育，学生可以发展他们的智力、情感、身体和社交技能。这包括提高自尊心、自我意识、决策能力和适应性等方面的成长。

第三，社会化。教育环境也是社会化的关键场所。学生在学校会与不同背景和价值观的人相处，培养尊重和合作的技能。此外，教育还有助于培养公民责任感，教导学生成为积极参与社会和社区的成员。

第四，职业准备。教育环境还为学生提供了职业准备的机会。不仅仅是通过教授专业知识和技能，还包括培养批判性思维、创新和问题解决能力，以适应不断变化的工作场景。

第五，文化保护和传承。教育环境有助于保护和传承文化、历史和传统价值观。通过教育，可以确保新一代了解并尊重自己的文化遗产，同时也能理解和尊重其他文化。

第六，社会变革和进步。教育环境有助于社会的变革和进步。通过教育，社会可以培养创新思维、科学发现和技术进步，从而推动社会、经济和科技的发展。

第七，个体和集体目标的实现。教育不仅有助于个人实现他们的潜力，还有助于集体目标的实现。教育可以提高社会的整体素质和生产力，从而促进社会繁荣和进步。

教育环境是塑造个体和社会的关键力量之一，它不仅仅是知识的传递，还包括了个人和社会发展、社会化、职业准备、文化传承、社会变革和集体目标实现等多重功能。因此，致力于教育环境的改进和发展对于一个国家和社会的可持续繁荣至关重要。

(二) 教育环境的影响

教育环境是指学习和教育活动所发生的地方和条件，包括学校、教室、教育政策、教育资源等因素。这些因素对学生的学习和发展产生深远的影响。

首先，教育环境对个体学习和发展的影响是显而易见的。学校和教室的氛围、设施和师资水平会直接影响学生的学习体验。一个良好的教育环境可以激发学生的学习兴趣，提高学习动力。相反，一个不良的教育环境可能导致学生失去学习的兴趣，甚至影响其心理健康。此外，教育政策也会影响到教育环境。政府对教育的支持程度、教育改革的方向以及教育资源的分配都会影响到学校和学生的发展。因此，教育环境对个体学习和成长的影响是非常重要的。

其次，教育环境对社会的影响也是不可忽视的。一个良好的教育环境可以培养出有竞争力的人才，提高国家的综合素质。教育环境也可以传播社会价值观和文化传统，塑造社会的文化特征。此外，教育环境还可以影响社会的发展方向。一个强调科学技术和创新的教育环境可以推动社会朝着技术创新的方向发展，而一个注重人文教育的环境可以促进社会的文化繁荣。因此，教育环境对社会的影响是多方面的，可以影响到社会的经济、文化、政治等各个方面。

教育环境不仅仅包括学校和教室，还包括家庭、社会和文化背景等因素。这些因素与学校教育环境相互作用，共同影响个体和社会的发展。家庭教育背景、社会价值观和文化传统都会在学校教育中产生影响，而学校教育也会影响学生在家庭和社会中的行为和态度。因此，理解教育环境的影响需要综合考虑多个因素的相互作用。

教育环境对个体和社会的影响是深远而复杂的。一个良好的教育环境可以促进学生的学习和发展，推动社会的进步，而一个不良的教育环境可能会产生负面影响。因此，教育政策和实践应该致力于创建良好的教育环境，以促进个体和社会的全面发展。

二、思想政治教育环境

思想政治教育环境研究的目的，是探析思想政治教育与其环境之间存在的本质规律。在进行思想政治教育环境研究之时，除了要从理论基础出发之外，还要有实事求是的研究态度、科学的研究方法。

思想政治教育环境问题广泛而复杂，从空间上说，思想政治教育环境可以划分为学校环境、家庭环境、社区环境；从性质上来说，思想政治教育环境可以划分为物质环境、精神环境和经济环境、政治环境和文化环境，等等。总而言之，思想政治教育的环境学的研究对象既包括人赖以生活的物质世界，也包括人思想发展的精神世界。

"思想政治教育环境是指由人类的理论活动和实践活动所创造的影响思想政治教育之外部条件的总和。"从思想政治教育的本质来说，思想政治教育环境问题既是空间问题，也是时间问题；既有现实问题，也有发展问题；既有物质问题，也有精神问题。研究思想政治教育环境，其根本目的就是为了探讨如何从思想政治教育环境建设入手，提高思想政治教育的实效性。

（一）思想政治教育环境的界定

对思想政治教育环境的界定，是思想政治教育环境研究的基础。通常意义上的环境是指环绕在某一主体并能实施某种影响的客观现实。不同的事物或行为主体所具有的环境是不同的。这里从"元问题""元理论"的角度出发作出探索的考虑，把思想政治教育环境界定为：思想政治教育环境是与思想政治教育有关的，在思想政治教育实践中环绕在被教育对象周围、影响受教育对象的思想政治品德形成、发展的一切外部因素的总和。具体来说，这个定义包括以下方面的内涵：

第一，思想政治教育环境，是对思想政治教育起作用的诸因素总和，与学生的政治思想品德形成与发展密切相关。思想政治教育是思想政治教育环境的中心，只有影响了思想政治教育的环境，与思想政治教育有密切联系的外部条件才可称之为思想政治教育环境。这里体现了"思想政治教育环境"与"思想政治教育的环境"的区别，即前者包括思想政治教育活动过程中所处的各种社会大环境和教育者创设的各种具体小环境。

第二，思想政治教育环境是一个系统，对学生的政治思想品德的形成全过程有着极其重要的影响。思想政治教育环境广泛而复杂，是一个具有多层次、多侧面、多要素的复合结构，是思想政治教育过程中自然环境与社会环境、微观环境与宏观环境、物质环境与精神环境、静态环境与动态环境、外显环境与内储环境、群体环境与个体环境、间接环境与直接环境等的有机统一。

第三，思想政治教育环境对思想政治教育实践全过程的影响是自发的。既包括自发地影响着受教育者的生理因素、智力素质、气质、性格和心理素质以及社会、经济、政治、文化、生态等诸方面的外部影响，也包括制约着思想政治教育目标的确立、内容的选择以及思想政治教育方法的变化和选择、载体的变化、效果的评估等内部影响。

（二）思想政治教育环境的特征

1. 本质特征

本质属性才是彼事物区别于此事物的根本原因。研究思想政治教育环境，必须把握思想政治教育环境的本质特征。所谓思想政治教育环境的本质特征就是思想政治教育环境本身所带有的从根本上决定环境的发生、发展与变化的特征。具体来说，思想政治教育环境的本质特征主要体现在以下方面：

（1）思想政治教育环境的社会性。对于思想政治教育环境的社会性的理解，可从以下三个方面进行：

首先，可以从社会化的角度进行深入。社会学视野中，思想政治教育是人的社会化所必须经历的过程。从个人来看，社会化是人追求发展、适应社会生活的过程。从阶级角度来看，一定的阶级或组织则通过有目的的人的社会化过程培养符合本阶级利益的社会成员，维护本阶级或组织的利益。而从社会学的观点来看，人社会化的关键因素仍旧是人的社会性活动。正是这些社会性活动同样地决定着思想政治教育环境的社会属性。

其次，思想政治教育环境是人类社会生活的产物，是人类文化结晶，故不可避免地具有社会属性。

最后，思想政治教育环境系中社会性要素占据主导地位，在人的社会化（包括人的思想政治教育）活动中发挥关键性作用，因此，思想政治教育环境也就具有了社会属性。

（2）思想政治教育环境的客观实在性。思想政治教育环境的客观实在性是指思想政治教育环境具有独立于人而存在的特性。思想政治教育环境独立于人存在，并不是指独立于所有人存在，而是指独特的个人。

首先，客观实在性是思想政治教育环境各个要素所具有的共同属性，即它是思想政治教育环境各个要素共同拥有的，不以个人的意志为转移的独特属性。思想政治教育环境要素复杂多样，有诸多不同的表现方式，但都是可以被认知的，可脱离个人的意志而存在的。

其次，客观实在性是思想政治教育环境各个要素共同拥有的本源属性。自然要素、社会物质要素和各级各类组织要素等各种与思想政治教育相关的要素，之所以能够成为思想政治教育环境要素，就是因为它们都是以"客观实在"的形式存在的，客观实在性体现了它们的根本规定性和最高层次的抽象性。

2. 结构特征

从思想政治教育环境的结构分析其特征，对把握思想政治教育环境具有积极意义。

（1）整体性。整体性是指思想政治教育环境结构的系统性与统一性。

第一，系统性。思想政治教育环境结构的系统性，即各种思想政治教育环境作用于思想政治教育时表现出的系统性特征。①构成思想政治教育的整体环境因素是密不可分的。思想政治教育环境发挥出对思想政治教育环境的影响必须要通过多重因素，才能产生具体的效用。虽然学术界可以把环境分割为不同的类型，但是不同类型效用的发挥必须要依靠其他类型的环境作为支撑。②构成思想政治教育整体环境的各种环境因素之间相互协调。这种相互协调具体又指思想政治教育环境诸因素存在方面的和谐相处与配合作用。思想政治教育环境是由大大小小、各式各样的影响思想政治教育的环境要素所构成的。这些要素在较大程度上存在同一性，即都指向思想政治教育，这些要素相互作用，才能在思想政治教育中发挥其应有的作用。

第二，统一性。思想政治教育环境结构的统一性是指环境要素在产生影响时的一致性。思想政治教育环境要素同样符合对立统一规律。虽然在结构上复杂、组成要素繁多，但在整体功能上则呈现一致性。这突出地表现为要素作用方向或方式上的一致性。事实上，当人们考察某个单一环境因素对思想政治教育的影响作用时，往往很难判断其作用的方向或方式，但当整体考察时，思想政治教育环境就会变得清晰而明确。这是因为它们相互关系、相互影响、相互作用，最终完成对外作用的统一性。

（2）有序性。所谓有序性是指思想政治教育环境要素存在方式上呈现的规律性。思想政治教育本身是一种有目的、有计划、可调控的活动。这种调控是多层的，不仅是对思想政治教育过程的调控，也是对思想政治教育环境要素的调控，即教育者可通过人为创造环境要素对环境要素进行过滤筛选和添加（这个过程可称为思想政治教育环境的优化）。教育者根据思想政治教育各阶段的目标以及被教育者各阶段思想政治品德发展程度，依据相关教育学理论，逐渐改变受教育者所处的环境，最终目的是实现思想政治素质水准的提高。

3. 外在特征

所谓思想政治教育环境的外在特征，是指思想政治教育环境的外在表现性特征。具体来说，这个特征主要存在以下方面：

（1）广泛性。思想政治教育的环境要素包罗十分广泛。

横向来看，思想政治教育环境要素既包括自然性环境要素，也包括社会环境要素；既包括物质性环境要素，又包括精神性环境要素；既包括政治环境要素，又包括经济环境要素与文化环境要素。

纵向来看，思想政治教育环境既包括历史的要素，又包括现实的要素；既包括社会大环境，又包括社区环境、组织环境、家庭环境、人际环境等范围的种属环境。从环境作用的性质来看，它既包括积极的环境要素（正效应要素或正面要素），又包括消极的环境要素（负效应要素或负面要素）。

这些大大小小、各式各样的环境要素构成思想政治教育环境的网络系统，全方位地、多渠道地影响思想政治教育过程、影响人们思想政治品德的形成。

（2）复杂性。思想政治教育环境是一个具有整体性和系统性特征的由多种环境要素构成的大系统。由于各个要素的性质都不太一样，因此思想政治教育环境必然具有复杂性的特征。这不仅表现在各种要素相互关系的复杂性上，而且表现在环境要素本质属性判别的复杂程度上。从实际工作出发，思想政治教育面临的环境是更加不可控的。由于信息技术的迅速发展，思想政治教育面临的环境越发得不可控制，或者说，其随机性越来越复大。这从侧面反映了思想政治教育环境的复杂性程度，也说明了思想政治教育环境研究的复杂性。

（3）动态性。随着科学技术的发展，思想政治教育环境的社会性要素占据越来越多的优势。因此思想政治教育环境将必然会随着社会的发展而逐渐变化。再从自然环境要素的角度来看，人们改造世界、改造自然，逐渐地探寻自然深处，思想政治教育环境也将会逐渐扩大其自然领域。思想政治教育环境的动态性还表现在很多其他层面上，例如物质层面和精神层面、规章制度层面和思想认识层面、法律层面和道德层面，等等。

思想政治教育环境之所以会表现出动态性，除了其自身原因之外，还包括一些人为因素。在当代这个阶级隐形的社会，各个阶级都会不断引入新的内容塑造和培养将要进入社会角色的人员，甚至会攻击对立阶级的教育内容，妄图施加一些负面影响。在这个原因的作用下，各个阶级将不断创造新的环境进行思想政治教育。相应地，思想政治教育环境将不得不表现出随环境发展的动态性特征。

（4）渗透性。思想政治教育环境对人的思想政治品德、价值观念的影响不是靠强制手段，而主要是靠潜移默化的感染、熏陶及渗透来实现的。在思想政治教育环境系统中，千千万万的教育要素都在跟教育主体发生接触，主体在社会生活中通过与环境的交流不知不觉地接受教育，日积月累就会由量变到质变，出现情感的升华、政治思想认识的升华。

4. 新特征

由于社会的发展变化，思想政治教育环境已经和正在凸显出许多与以往思想政治教育环境不同的新特征。

（1）多元性。

一方面，多元性是指思想政治教育环境多样性。当社会环境同质性较高的情况下，思想政治教育环境相对单一，比较稳定。在现代社会，随着文化交流和科技进步，社会关系越来越杂，社会节奏也越来越快，思想政治教育环境多元性特征也就比较明显。不同的国家、不同的地区、不同的民族，甚至是同一国家、同一地区都会体现出不同的环境的差异性。

另一方面，多元性是指人们对于思想政治教育环境的认识的多样性。在现代社会，随着科学技术的发展和文化交流的进步，人们的自主意识也随之增强，对于自身需要的认识也越来越清晰，这就促成了人们对于环境的不同的认识。同一环境对于不同的人们有不同的认识，这也就促成了不同环境分类的产生。

（2）开放性。

一方面，开放性体现在思想政治教育环境的空间界限上。思想政治教育环境是一个没有固定界线的开放型系统。信息社会增强人与人之间的往来，对人的思想产生了深刻影响。所以从这一点来看，在信息社会的条件下，现代的思想政治教育环境是一个开放的环境，可以进行多渠道的联系和影响，并不局限在一个国家之内、一个地区之内。

另一方面，开放性则体现在时间界限上。由于人受文化的继承性和发展性的影响，人的思想品德的形成影响的要素有过去的、现实的和未来的。人的思想品德会受到过去形成的一些历史文化要素的影响，因为社会是有根有源的，有其深厚的历史的沉积，而同时人的思想的形成也并不一定是与社会的发展是同步的，有时会有滞后性。人生活在现实社会中会受到现实社会存在的各种环境要素的影响，因而人的思想也会具有超前性，会受到未来社会发展趋势的影响。

（3）影响的广泛性。思想政治教育环境的广泛性主要是指其影响要素的多样性、影响性质的多重性和影响途径的多维性。

第一，人思想的产生、个人发展和社会交往都要受到外在客观条件的影响。总的说来，影响人的思想和行为的外在客观条件主要有自然要素和社会要素两大类。自然要素如地理位置、自然资源、气候状况和人口分布等，都会不同程度地影响到人们的性格、思想和行为，虽然这种影响是先天的，但并不起决定性要素。社会物质环境是以生产方式为基础的多种物质要素的总和，物质要素决定着精神文化环境，精神文化环境直接影响到思想政治教育活动。所以，思想政治教育环境对思想政治教育影响要素具有多样性。

第二，思想政治教育环境的影响是多重性的。①思想政治教育环境作为对思想政治教育产生影响的一切外在要素的总和，是良性环境和恶性环境并存、先进要素与落后要素混杂、积极影响和消极影响同在，同时作用于思想政治教育环境，这种思想政治教育环境是客观存在的多种性质要素的混合体，产生积极影响的同时也存在消极的影响；②不同思想政治教育对象对同一客观环境的选择和适应也存在较大的差别，不同教育对象自身已有的思想水平和接受教育的热情差别极大，这一切直接影响到思想政治教育的实施效果。

第三，思想政治教育环境对思想政治教育的影响途径具有多维性。既是单一影响和交互影响并存，又是自觉影响与自发影响同在，也有必然影响与偶然影响之分。

第二节　思想政治教育环境的作用分析

思想政治教育环境不仅仅是知识传授的场所，更是塑造学生思维方式、价值观念和社会参与能力的关键环境，它为学生提供了机会，使他们能够成为有社会责任感、具有批判性思维和创新能力的公民，从而为社会的进步和发展作出积极的贡献。"经过师生共同审美营造的教育环境，既具教育性，又具审美性，是大学生思想政治教育不可或缺的一项重要资源。"① 因此，学校应不断改进和完善思想政治教育环境，以更好地满足学生的需求和社会的期望。

一、思想政治教育环境的导向作用

所谓导向作用，指的就是思想政治教育环境将会将学生引导向着哪个方向而发展，其本质是将学生培养成什么样人才的问题。其根本的目的是要促进学生思想道德素质的提升和全面发展。从导向作用来看，体现在以下方面：

第一，从校园内部环境角度而言，不论是在物质方面的设施，还是在精神活动层面；无论是在集体规范，还是在人际关系的培养；无论是教师的仪态仪表和举止，还是在教室的装饰布置上都可以给生活在里面的学生提供具体的参考，从点点滴滴的感觉上向学生传

---

① 许醴，姚敏. 大学生思想政治教育环境的审美优化思考 [J]. 安徽工业大学学报（社会科学版），2022，39（02）：101.

递较多的信息，进而从心理上给学生提供暗示，让他们能够自觉或是潜移默化的受到这些信息的熏陶。比如，被刻意装饰过的建筑物、环境优美的校园等都能够给学生以美的体验，同时其中所蕴藏的教育价值取向，能够给学生带来影响和暗示。长期受到文化的陶冶，会使学校具有比较独特的风格，进而潜移默化的使得学生的思想品质和道德认识受到影响。通过各种文化活动的渗透，使得学生在学校生活中受到导向的影响，逐渐养成正确的道德认识和人生态度。

第二，从校园外部环境角度而言，不论是自然环境，还是社会环境，在学生的发展中都会发挥出导向功能。健康的社会信息能够正确地引导学生的"三观"发展。反之，社会中的不良信息则会使学生受到误导，而是思想政治教育的效果受到削弱。因此，在当前这样社会剧烈转型、各种价值观、意识形态相互冲击和影响的复杂背景下，学校要培养学生正确价值观和世界观以及道德意识的形成，就要强化对其正确的引导，对各种信息进行筛选和处理，进而有意识地对良好的氛围进行构建。

二、思想政治教育环境的意识渗透作用

渗透作用，指的是在环境当中的很多因素是在潜移默化中使得学生受到启迪、陶冶和熏陶，让思想政治教育的意图能够在无形当中渗透进学生的意识和思想当中，慢慢地完成从量的积累到质变的突变和飞跃，使他们之前的思想水平可以进一步提升到一个新的层面。通过点点滴滴，耳濡目染，使得环境的渗透功能在一点点地发挥作用，利用情感的熏陶而实现人思想上的转化。

首先，从环境的陶冶和熏陶来看，对学生进行情感上的培养是高校所在环境具有非常独厚的优势。不论是校园中的建筑、还是一花、一草、一木等都可能成为情感陶冶的因素，而让学生由此产生对学校的认同和归属感，并可以真正深切地感觉到自己在学校中的主人翁地位，进而使其对生活、对学校的情感得到激发。

其次，大学校园中所开展的那些情感色彩丰富、形式多样别致、内容新颖独特的活动也能够对学生情感和情操的培养起到陶冶的作用，进而使得学生的需要和兴趣得以满足，让他们在良好道德情操的影响下自觉的养成良好的品德道德品质，健全的人格。比如，学生通过参加义务劳动、志愿者活动等能够让他们受到集体主义、爱国主义等教育的影响；参加文艺和学术活动等能够让他们受到情感和美的熏陶。

最后，师生之间以及同学、校友交往中的情感交流，使学生能够在彼此间的情感中产生共鸣，真正地感觉到生活里的真善美，让他们产生极为强烈的认同和归属感。

三、思想政治教育环境的规范作用

环境通常用暗示或是舆论等形式让学生产生一定的心理压力，对学生的言语和行为进行规范和约束，完成其他教育达不到的教育效果。在学校管理中，规章制度是社会是非标准、道德观念以及学校意志的集中体现，作为学校管理的有效方式，其在约束能力上很强。科学完善的规章制度有助于学校管理工作向着有序、科学的方向发展，这是思想政治教育工作开展和实施的重要保障。而校风，是全校所有师生行为风尚、治学态度、科学和文化素养等诸多方面的集中体现，它会使身处其中的师生潜在的在内心当中产生一种约束力，从而约束和制约其行为，让学生在非强制约束的情况下就能够将其内化到意识当中，通过同化后变成个体的心理特征，而使自己的言行受到制约。此外，健康的舆论环境也是校风良好的重要体现。舆论通过对他人的言行进行的褒贬而做出的肯定或是否定的评价来使学生在情绪以及认识上产生体验，进而对自己的言行进行调整。

四、思想政治教育环境的示范作用

思想政治教育的环境作为一种隐形因素，蕴含着丰富且有价值的示范教育因素，因为具有潜移默化的特征，能够时时地对学生的价值观以及思想品德的形成带来影响。从当前的学生来看，其具有较强的自尊心，丰富强烈的情绪情感，强烈的成功欲望，同时其意志力不强，情绪波动较为强烈，在世界观、人生观以及价值观上没有明显的成熟。而思想政治教育环境所具有的示范作用能够对学生们加以引导，使他们可以树立强烈的荣誉感和责任感，树立正确的"三观"。从思想政治教育所具有的示范作用来看，主要有以下方面：

第一，教师所具有的示范功能。作为教师来说，不仅要向学生传播知识，同时还是一名德育工作者，教师的生活方式以及品德作风对于学生的人生观、价值观以及政治观和道德发展等都会产生影响，因此，教师所具有的示范功能十分的重要。教师能够做到以身作则，不但能够使自己的威信得以提升，还能够使得说服教育的感染性和可信度得到增强，促进学生积极情感的激发。

第二，学生群体中的优秀事迹和先进人物所具有的示范功能。学生不管是在兴趣爱好、知识水平，还是社会经历与年龄结构等诸多方面都具有相同或相近性，所以学生群体当中那些表现良好的，受到奖励的优秀事迹和先进个体能够让其他学生很容易接受，受到影响，而成为其他学生学习的典范，而受到处罚或是舆论谴责的学生同样会受到排斥和疏远。

第三，社会当中的典型事迹与先进人物所具有的示范功能。作为一个开放性的系统，随着社会的发展，科技的进步，思想政治教育环境也受到较大的影响。社会当中存在的很多信息都能够快速的传播到高校，到学生的周围，特别是社会当中出现的"最美司机""最美妈妈"等最美人物等先进的事迹和人物都能够很快地得到学生的注意。长期以往，人们一直在提倡雷锋奉献精神，对年轻人进行精神激励和鼓舞，作为一种民族精神，雷锋精神已经给我们的社会带来了深远且广泛的影响，给学生的行为与认识带来较大的影响。

思想政治教育环境是一个十分复杂的系统，由很多具有联系的要素所构成，所以，思想政治教育所具有的作用是否会很好得到的发挥要受到很多条件的影响。特别是当前社会处于市场经济的条件下，学生的价值观也由一元变成了多元价值观，且更趋向于功利化。过去校园中只知道学习知识的状况已经不能适应现代社会的发展。新的时代和发展状况使得思想政治教育面临着越来越多的要求，单单的凭借过去的那种灌输、说教的方式是不可能取得较好效果的。所以，要对思想政治教育环境当中的积极因素给予充分的利用，使其和其他教育教学方式有机地结合起来，从多个角度对学生施加影响，促进学生形成正确的价值取向和高尚的思想品德，创造学生健康全面发展的条件。

第三节　思想政治教育环境的育人体现

思想政治教育在培养德智体美劳全面发展的社会主义建设者和接班人中起着至关重要的作用。这一过程中，思想政治教育的环境因素扮演了不可或缺的角色，其中包括社会环境、校园环境、家庭环境和网络环境。

一、思想政治教育社会环境育人

思想政治教育与社会环境之间存在着密切的互动关系，社会环境在塑造和影响思想政治教育的过程中扮演着关键角色。

第一，思想政治教育是培养学生全面发展的关键任务之一，它不仅仅是传授知识，更是塑造学生的价值观念和思维方式。而社会环境则提供了广泛的外部背景，其中包括政治、经济、文化等多个方面。这些因素都会在学生的成长过程中产生深刻影响。例如，政治环境可以引导学生对国家政策和社会现象有更深入的理解，经济环境可以塑造他们的职业价值观，文化环境则影响他们对文化多样性和价值多元性的认知。

第二，高校应积极融入社会，与各界保持紧密联系，以便将社会的最新动态和发展趋势引入到思想政治教育中。这可以通过与政府、行业、企业、社会组织等各个领域的合作来实现。学校与社会的联系有助于将理论知识与实际问题相结合，帮助学生更好地理解和应对社会挑战。

第三，社会环境中的政治熏陶、社会风气、道德伦理等都对学生的思维方式和行为习惯产生深远影响。政治熏陶可以激发学生的公民意识和社会责任感，社会风气可以影响他们的行为规范和社会适应能力，道德伦理则塑造了他们的道德判断力和决策能力。因此，高校应当重视社会环境中这些因素的引导作用，努力培养学生积极向上的社会价值观和行为准则。

第四，高校在塑造积极社会环境方面也需要充分借助社会资源。这包括邀请社会精英、专家学者、社会活动家等来校园举办讲座和交流，组织学生参与社会实践和义工活动，建立与各界的长期合作关系等。通过这些方式，高校可以为学生提供积极的价值观念引导，推动他们形成正确的世界观、人生观、价值观。

二、思想政治教育校园环境育人

思想政治教育校园环境育人是一个非常重要的议题，它涉及高校教育的核心使命和社会责任。

第一，校园环境作为学生学习和成长的场所，承担了教书育人的使命。在这个环境中，学生度过了大部分的时间，接触到了各种各样的人和事。因此，高校应当积极塑造和优化校园环境，以促进学生的全面发展。一个富有文化底蕴和精神氛围的校园有助于激发学生的学习兴趣和内在动力，使他们更加积极地投入到思想政治教育中。

第二，思想政治教育需要在校园环境中有所体现。这意味着高校应当设置思想政治教育课程和活动，使之成为校园文化的一部分。思想政治教育课程可以涵盖政治理论、伦理道德、社会责任等内容，旨在引导学生形成正确的价值观念和行为规范。同时，举办各种形式的思想政治教育活动，如讲座、讨论会、社会实践等，可以帮助学生将理论知识与实际生活相结合，增强他们的社会责任感和公民意识。

另外，高校应当提供多元化的教育资源，以满足不同学生的需求。这包括图书馆、实验室、文化设施等。一个丰富多彩的校园文化生活可以让学生接触到不同领域的知识和文化，培养他们的综合素质和批判思维能力。例如，举办艺术展览、音乐会、文化节等活动，可以让学生欣赏和参与各种形式的艺术和文化，拓宽他们的视野。

三、思想政治教育家庭环境育人

思想政治教育与家庭环境的育人关系非常重要，它们互相影响，共同塑造着学生的人格和价值观。

第一，家庭是学生成长的第一课堂。在孩子成长的早期阶段，家庭扮演着至关重要的角色。孩子在家庭中接受了最早的道德和价值观教育，这些价值观会在他们的一生中产生深远的影响。因此，家庭教育为孩子的成长奠定了坚实的基础。

第二，思想政治教育旨在培养学生的综合素质，包括道德品质和社会责任感。为了更好地实现这一目标，高校需要与家庭环境相协同。高校教育和家庭教育可以相辅相成，相互弥补不足。高校可以鼓励家长参与教育过程，了解学生的学习和生活情况，共同关注学生的成长。这种协同努力可以使学生受益匪浅，不仅在学术方面得到培养，还在道德和社会责任感方面得到提升。

第三，高校可以举办家校互动活动，加强家庭与学校之间的合作。这些活动可以包括家长会、家庭参观日、亲子教育讲座等。通过这些活动，家长可以更深入地了解高校的思想政治教育理念和教育内容，与教师和学校管理人员进行交流，共同探讨如何更好地培养学生的道德品质和社会责任感。同时，学校也可以借此机会了解学生在家庭环境中的成长情况，更好地针对学生的需求进行思想政治教育的设计和实施。

第四，思想政治教育与家庭教育的协同合作可以形成一体化的育人格局。这种合作不仅有助于学生全面素质的提升，还有助于培养学生的社会责任感和公民意识。当学校和家庭共同努力，共同关注学生的成长，学生将更容易形成积极健康的人生观和价值观，为社会的可持续发展和和谐稳定做出积极的贡献。

综上所述，思想政治教育与家庭环境的协同育人是非常重要的。通过家庭与学校的合作，可以更好地培养学生的道德品质和社会责任感，为他们的未来发展打下坚实的基础。高校和家庭应共同关注学生的成长，形成一体化的育人格局，以培养出更有社会责任感的公民。

四、思想政治教育网络环境育人

思想政治教育网络环境育人，已经成为教育领域的重要议题。随着信息技术的迅猛发展，网络已经渗透到人们的日常生活中，尤其是年轻一代学生，他们对互联网的依赖和使用频率愈发增加。因此，高校不仅需要充分认识到网络环境在思想政治教育中的重要性，还需要积极采取措施来利用网络资源，开设在线思想政治课程，以及引导学生正确使用网络，培养网络素养。

首先，通过开设在线思想政治课程为学生提供丰富的在线学习资源。互联网资源的广泛应用可以帮助高校打破时间和地域的限制，让更多的学生参与到思想政治教育中来。在线课程可以涵盖各种思想政治教育内容，包括马克思主义理论、社会主义核心价值观、国家法律法规等，丰富学生的知识体系。这种多样化的学习资源不仅能够满足不同学生的学习需求，还能够提高思想政治教育的吸引力和互动性，激发学生的学习兴趣。

其次，引导学生正确使用网络，培养网络素养。网络不仅是知识的宝库，还是信息交流的平台，但也存在着大量的不良信息和误导性信息。高校应当通过思想政治课程和网络教育，帮助学生识别和过滤不良信息，培养批判性思维和信息辨别能力。此外，高校还可以通过开展网络道德教育，教导学生网络礼仪和道德规范，引导他们文明使用网络，避免沉迷网络和不良行为。

最后，确保网络环境有益于学生的成长和价值观的形成。思想政治教育的目标之一是培养学生的社会责任感和价值观念，而网络环境在这方面具有巨大的潜力。高校可以通过网络传播正能量，提供优质的网络文化资源，鼓励学生参与社会公益活动和社交互动，从而促进他们积极参与社会，形成健康的人生观和价值观。

总之，思想政治教育环境协同育人需要社会、校园、家庭和网络等多个环境因素的协同作用。只有这些环境因素能够有机结合，形成育人合力，才能够更好地培养出品德高尚、知识渊博、有社会责任感的新一代人才，为国家和社会的发展做出积极贡献。

第四节　思想政治教育环境育人的机制构建

一、思想政治教育环境体系的优化

（一）拓展思想政治教育环境的时空维度

1. 延伸时间维度，建设终身教育环境

思想政治教育环境从时间维度上延展成为终身教育环境，意味着思想政治教育将成为贯穿人一生的教育形态，是一种从摇篮到坟墓的教育。这种理论观点的确立主要是根据人的思想品德发展规律而得出的结论。思想品德形成和发展是在社会实践基础上，内在环境与外部环境相互作用的过程，是内在矛盾运动转化过程和外部环境影响制约过程的辩证统一。也就是说，人的思想品德的形成和发展是在社会实践基础上主客体因素相互作用、相互协调的结果；人的思想品德的形成和发展是主体内在的思想矛盾运动转化的结果。可以看出，社会实践是联系主客体因素的桥梁，客体因素的影响只有通过实践与主体相结合，

才能达到主客体之间的相互平衡与协调；而主体因素只有在实践中，才能产生需要，并获得思想的动力。由此，一方面，应当协调各个子环境，为人的思想品德的形成和发展创造一个良好的外部条件；另一方面，应当根据人的主观需要来进行思想政治教育。

（1）注重各个环境子系统之间的有效衔接。思想政治教育环境是一个复杂的系统，在这一系统中存在许许多多的环境子系统。优化不仅需要激发各个环境子系统发挥其功能效用，同时，还要力求保持它们之间的有效衔接。因为，人的思想品德是一个逐渐成熟和不断完善的过程，在一个过程中既有量的积累，也会发生质的飞跃。在人生的不同发展阶段，人的思想品德会因为环境的变化而做出相应的调整。但由于思想品德结构本身的稳定性，又使得上述调整需要一定的动力和支撑。思想政治教育环境优化工作要针对人的思想品德形成和发展的特性，注重保持各个环境子系统之间的有效衔接，使人在面对各种不同的环境时，不会因为思想政治教育环境彼此之间的巨大落差而出现认识上的紊乱和行动上的无序。同时，终身教育理论也揭示了真正的教育应该贯穿人的一生，要打破传统的学校教育模式。思想政治教育环境优化也要改变过去那种将注意力主要投入到学校环境建设上的做法，逐渐将人力、物力、财力广泛地投入到其他环境子系统的发展和完善中来。

（2）注重人的思想品德各个发展阶段的有效衔接。人的思想品德的形成和发展具有阶段性，由于生理和心理等因素的影响，思想品德结构的组成要素在不同的阶段表现出发展的不平衡性特点。如青少年时期心理素质尚待发育，容易接受新思想，但行为鲁莽；成年人理性思维占主导，但常知行分离；老年人经验丰富，行为持重，但思想行为却容易保守。针对人的思想品德结构这种不平衡性特点，思想政治教育环境优化工作应调动不同环境因素来弥补由于人自身生理和心理等因素所造成的结果失衡。思想政治教育环境优化就是要力求保证不同年龄阶段的人能够接收到适合其思想品德发展的环境熏陶作用，使人的思想品德各个发展阶段达到有效衔接。而这种愿望也只有在思想政治教育环境真正成为一种贯穿人一生的终身教育环境的情况下，才能够真正达成。

2. 拓展空间维度，建设学习型社会

建设终身教育环境，是从时间维度出发对思想政治教育环境的优化整合，而建设学习型社会则是从空间维度考虑，力求使思想政治教育环境的教育影响发挥出最大功效。

（1）重视社会教育。学习在社会进步和人类发展过程中发挥着至关重要的作用。一方面，解放思想，使全社会无论是社会公民，还是社会团体、组织和机构以及政府，都树立全民教育理念；另一方面，加快社会实体的改制，确保各种文化单位，如博物馆、图书馆、纪念堂、科技展览厅等，向全体社会成员开放，为学习者提供必要的学习机会、资源和条件，丰富学习方式和手段，真正使全社会无处不具备学习的条件，营造全民学习的良好氛围。社会改造不是局限于一个国家内部的自身改革，而是整个国际社会的共同进步，即加强国与国之间的文化、教育、信息等方面的沟通和联系，实现国家教育接轨，达成教育资源共享。

（2）注重思想政治教育环境与社会发展要求之间的契合。思想政治教育环境中存在许多力的作用，如物质生产力、精神生产力、文化力、舆论力等，这些力相互作用形成一种推动思想政治教育环境向前发展的合力。根据物理学中的定义，力是一个矢量，既有大小，也有方向。思想政治教育环境的发展速度取决于合力的大小，其发展方向则取决于合力的方向。思想政治教育环境是否与社会发展要求相契合，决定了思想政治教育环境对人的思想品德影响的效果。因此，思想政治教育环境优化应该十分关注环境与社会发展要求之间的有机契合。要确保环境发展方向的正确性，调动各种环境力发挥各自最大功效，保证环境建设和发展速度适应社会发展的客观要求。

实践中，人的思想品德的形成和发展规律决定了思想政治教育必须实现内容上的不断革新、形式上的不断改进和方法上的不断调整。思想政治教育的基本矛盾及其运行规律也反映了若想使人的思想品德符合社会发展的要求，必须调动所有的环境力量共同努力。因此，实现终身教育和学习型社会的一体化，就是为了有效解决人的思想品德形成和发展过程中的从不平衡到平衡、从不适应到适应的问题，同时，也是为了化解思想政治教育中的各种矛盾冲突，保证思想政治教育顺利开展，取得良好成效。

（二）社会环境优化的措施

在时空观的指导下，思想政治教育环境的优化，需要树立整体协调的观念。为了实现这一体系的协调发展，同样也离不开对具体环境的优化。

1. 优化传媒环境，为思想政治教育提供良好的信息资源

大众传媒环境作为思想政治教育环境的重要组成部分，其对思想政治教育活动的影响日益增强，科学合理地利用大众传媒为思想政治教育服务必将成为思想政治教育环境优化的重要内容。具体来讲，要着重做好以下方面工作：

（1）充分发挥大众传媒的扬善抑恶作用，不断强化大众传媒的舆论导向功能。现代大众传媒包括报刊、广播、电视和计算机网络等，对人们的思想、品德、意识和行为以及思想政治教育具有相当大的影响力，是现代思想政治教育环境的重要组成部分。在市场经济条件下，它的商业性和娱乐性正在冲击着其教育性。因此，要加强对大众传媒的调控，强化其扬善抑恶的功能，充分发挥积极作用，主要表现在：①建立健全管理和监督大众传媒的法律法规，用强制的法律措施来维护大众传媒的教育功能。要用法律法规规范大众传媒

的行为，抵制商业社会对思想教化的负面影响，对在大众传媒方面毒害青少年的违法犯罪行为坚决予以打击；②发挥大众传媒的舆论导向功能，主导舆论环境；③提高大众传媒从业人员的政治素质和职业道德素质，加强媒体自律。要时刻保持自己作为党和人民的宣传员的角色意识，避免舆论导向偏离政府公共政策和公共利益的可能性，避免过多的热衷于传播物质文化和低俗文化，为人民提供有益的精神食粮。

（2）加强网络管理，净化网络环境。网络作为第四媒体，正以信息化、多变性和快捷性强烈冲击着思想政治教育的观念、内容和方法。净化网络环境主要应做好以下方面：

第一，制定相应的法律法规，建立健全网络道德规范。互联网作为现代社会发展的必然现象，积极面对并对其合理利用，制定有关法律法规，用法律的强制性导向作用规范网络行为，抑制网络环境中的消极因素，强化和稳固思想政治教育的主导地位。

第二，强化网络道德建设。网络道德建设的关键就是网络主体自身道德修养的提高，网络的个性化、虚拟化更需要网民的洁身自好。同时要加强"网风""网德"教育，提高网民对网络文化的识别警觉能力、自律能力和免疫力。

第三，建立和加强网络行为的监督和管理。制定网络法律规范人们的网络行为，还必须加强监督机制，保证网络法律法规顺利执行。要监督和限制网上的不健康内容，剔除网上不良信息，对网络主体的不良网络行为进行批评教育和必要的处罚，只有这样才能保证网络法律法规的贯彻执行。

第四，建设思想政治教育工作网站。思想政治教育要积极"抢滩"网络，建设"红色阵地"，在内容、方式上积极创新。要积极开发反映中华民族优秀文化和中国特色社会主义的网络，通过网络传播主流价值文化。开展具有时代特色、富有感染力和吸引力的网上道德教育活动，用生动、活泼、多样的形式进行思想政治教育活动。

2. 加强党风廉政建设，形成良好的社会风气

党和政府是社会改造的主体，也是思想政治教育环境的改造主体。党和政府对社会环境的调控和改造对思想政治教育意义重大。新时代，党和政府一方面积极加强自身建设，发挥示范作用；另一方面，应加强对环境的整合协调，营造良好育人氛围。

思想政治教育的核心内容是政治观教育，党内优良的风气感染了全社会风尚，为思想政治教育效果提供了有力的保障。加强党的作风建设，根本的是坚持全心全意为人民服务的宗旨，充分发挥党密切联系群众的优势。人民群众是我们的力量源泉和胜利之本。密切联系群众，是中国共产党的优良传统和政治优势，是我们党区别于其他任何政党的一个显著标志，是我们党克敌制胜、完成一切任务的法宝。加强党风廉政建设，必须加强共产党员先进性教育，加大惩治力度，坚决贯彻好"三个代表"重要思想，树立党在人民群众心中的光辉形象。

二、思想政治教育环境的开发

环境蕴含着丰富的教育资源，特别是现代社会，各种各样的教育信息蕴含在社会环境之中，渗透到人们的日常生活里。思想政治教育作为有目的、有计划的教育实践活动，如何利用环境，重视环境的教育价值，是值得探讨的课题。

一般而言，环境的教育价值是自发地起作用，同时由于环境的复杂性和开放性，环境的积极因素往往被环境的消极因素所消解，所以，如果要发挥环境的教育作用，必须开发环境的教育价值。环境开发有利于挖掘思想政治教育外在因素，实现外在因素向内在因素的转化，形成思想政治教育受教育者的自我教育；有利于把直接教育和间接教育协调起来，收到"随风潜入夜，润物细无声"的效果；有利于整合教育过程的诸要素的关系，形成思想政治教育的正合力。

（一）加强运用以环境为载体的隐性教育

根据马克思主义关于人与环境的辩证关系原理，环境影响虽然是一种自发因素，但教育者主体性发挥可以使环境的自发影响转变为自觉影响。随着环境作用的加强，显性、正规、直接的思想政治教育由于受到时间和现代活动方式的制约，教育效果有限。而环境影响是一种广泛的影响，无时不在、无所不在，且具有目的内隐的特点，能够产生潜移默化的影响，易于被人接受，不会产生逆反心理和对抗情绪。为了加强思想政治教育，除了改革显性教育、直接教育之外，一个很重要的方面就是适应现代社会环境的需要，发掘隐含在环境的德育因素，发展隐性教育、间接教育，开发环境的育人功能。

1. 确立环境自主意识，充分利用环境资源

社会环境中蕴含着丰富的隐性思想政治教育资源，善于开发、利用，则能够克服环境中的负面影响，促进隐性思想政治教育课程健康发展，引导人们形成良好的思想品德。

（1）网络资源的利用。网络不仅需要净化，更需要被挖掘。网络时代的到来，对思想政治教育提出了新的要求，充分利用网络资源，是增强思想政治教育时代感、主动性、针对性和实效性的重要举措。

第一，进入商业网站。充分利用网络资源最重要的就是要挖掘和拓展商业网站的道德教育功能。一些主流媒体尽管在文化倾向上商业性较强，但是负面影响较小，为拓展思想政治教育功能提供了一种可能。当然，思想政治教育工作者是难以介入商业网站的设计和运行的，但是可以在征得同意的前提下，向广大青少年的电子邮箱发送教育性强、可读性

也强的信息材料。

第二，建设局域网。当前局域网更多地被看成是一种单纯的管理载体而没有很好地挖掘其思想政治教育功能。无论是高中的还是大学的校园网，学校设立的网站主要包括学校介绍、学校管理、学校新闻、学校机构设置、教学科研、校园论坛等等，内容比较丰富，但思想政治教育的目的性不强。运用校园网开展思想政治教育，校园网应该整体规划安排，做到结构合理、高效实用，如可以构建校园网络体系，包括对内和对外两个方面：对内是指校园内部网，用于校内的管理和服务；对外是面向社会开放，向社会展示学校发展情况的网页。对内网页可以分为学校管理网页、学生社团网页和学生个人网页等三个层次，通过这三个层次的建设整合成一个独特的校园网络环境。在这个网络上通过信息沟通和信息反馈，让师生通过校园网解决思想问题和实际困难。

第三，创建专题网站。思想政治教育进网络，就必须重视专题网站的建设。应根据青少年的上网心理和习惯，采取相应对策。拓展思想政治教育的外延，选择大量青少年感兴趣的内容上网，立足于解决青少年的思想困惑和实际困难。内容更新速度要快，可以设计一些能够简单回答的交互性栏目或题目，吸引访问者进行讨论。网站要办出自己的特色，这个特色是相对于网站所拥有的相对比较固定的访问群体而确定的。

（2）社会资源的利用。抓住时机，整合社会环境中的资源，集中开展思想政治教育主题宣传教育活动。可以通过组织丰富多彩的主题班会、队会、团会，举行各种庆祝、纪念活动和必要的仪式，引导青年学生弘扬民族精神，增进爱国主义情感，提高思想政治素养。还要充分发挥爱国主义教育基地的作用。精心组织参观考察各类博物馆、纪念馆、展览馆、烈士陵园以及革命圣地游、红色旅游等活动，把深刻的教育内容融入生动有趣的课外活动之中，用祖国大好风光、民族悠久历史、优良革命传统教育青年学生。

党的思想政治教育实践已被证明是效果最好的一种教育形式。由于英雄模范人物和先进群体形象地体现了时代精神，体现了思想政治教育要向人们传授的价值观念、政治观点、道德规范，因此，开展学英雄学模范活动，可以使青年学生能够形象、直观、生动地把握党和政府所倡导的先进思想道德和价值观念，并在榜样的感染下更好地将之内化。可以通过向青年学生宣传介绍古今中外的杰出人物、道德楷模和先进典型，激励他们崇尚先进、学习先进。还可以通过评选三好学生、优秀学生干部和先进集体等活动，为青年学生树立可亲、可信、可敬、可学的榜样，让他们从榜样的感人事迹和优秀品质中受到鼓舞、汲取力量。

2. 重视隐性课程教育，潜移默化提升素质

隐性课程作为一种潜在的教育影响因素，对在校学生思想品德的形成和发展有着巨大作用。尽管学校可以通过显性思想政治教育课程对学生开展有目的、有计划、有组织的思想政治教育，养成学生高尚的道德情操和行为习惯。学生思想品德的形成发展是一个知情意行辩证统一的过程。如果思想政治教育只依靠显性思想政治教育课程所传授的道德知识，势必无法完成学生思想品德的内化，影响德育效果。因此，思想政治教育必须同时依靠隐性思想政治教育课程，让学生在优雅美观、整洁文明的校园里，通过积极向上的校风班风，和谐融洽的人际关系，各种健康有益的集体活动等，陶冶学生的思想情感，培育美的人格。事实上，人的思想情感、意志品质和行为习惯，只能在交往过程中，在具体的生活实践中才能逐步培养起来，离开了丰富多彩的学校生活经验，就不可能得到发展，这是毋庸置疑的。

就学校而言，隐性课程教育可以分为两个部分：①课堂中的隐性教育。除了关注课堂的物质因素如设备、卫生等，更应注重课堂精神氛围，如师生关系、课堂气氛等，教育者可以通过教学环节和实习环节，有目的、有计划、有组织地影响规范受教育者的思想意识和行为模式，读一部好的著作，看一部好的电影，参加一次好的讲座，都能使学生激起感奋，引起共鸣，教育身心。②注意校园里的隐形资源的挖掘，这些隐形教育功能通过整个学校的环境、气氛，学校的风气施加给学生，起到教育作用。主要通过物化形态（校园的建筑、文化设施、校园的绿化、美化等）和观念形态（校园传统、人际关系、集体舆论和心理气氛）等两大因素，潜移默化地陶冶受教育者的情操、意识和行为，并将社会和学校的文化认同意识潜在地积淀于深层心理结构之中，从而对受教育者产生深刻而久远的影响。

（二）以单位的精神文化建设为切入点

现代社会条件下，开发思想政治教育环境的切入点就是建设本单位的精神文化。所谓精神文化是相对于物质文化和制度文化而言的，是一定群体的共同的理想信念、价值观念、道德风尚、合作精神以及传统习俗等的综合，是一定群体的灵魂，反映了该群体的个性。精神文化与物质文化、制度文化的关系可概括为后者是前者的基础和保证，前者是后者的灵魂和核心。单位的精神文化作为一种主观存在，是通过单位的人际关系、舆论环境等载体表现出来，是所有有形环境的精神凝聚。

通常，人们把企业的精神文化称作经营哲学，把学校的精神文化称作教育理念。精神文化的价值表现为可以把群体的发展目标和个体的现实需要、把人的外在责任与内在的德行统一起来，形成群体和社会的共同价值观，形成推动社会进步的凝聚力，从而促进社会生产力的发展。开发单位的精神文化的措施如下：

第一，提炼和确立精神文化的内容，形成一定群体的共同价值观。由于单位的精神文化是内在于群体的活动之中，所以需要经过一定的时间积淀才能够概括出来。而提炼和概括的过程就是精神文化的宣传和推广过程。现实生活中的企业精神和校园精神的形成是经过提炼和概括而产生的。

第二，把单位的精神文化渗透到制度文化和活动方式中去。精神文化只有广泛渗透到制度文化中，融入日常的各项活动中，才能与受教育者联系起来，实现其价值；才能保证精神文化价值实现的同时，使之得到丰富和发展。

第三，把开发富有特色的精神文化环境与提升受教育者的主体意识结合起来。教育环境的开发是为了提高受教育者的自我素质，而环境的建设又离不开受教育者的参与。从这个意义上讲，教育环境和受教育者是统一的，教育环境的建设与受教育者的主体素质的提升也是相互依赖的。提升受教育者的素质至少包括两个方面：提高受教育者面对复杂社会环境时的辨别能力和自我控制能力，抵制不良环境因素的诱惑；增强受教育者主动参与环境建设的自觉意识，形成重视环境建设，从我做起的主人翁意识。

三、思想政治教育情境的创设

情境是从认知的角度说明行为者与环境、主体与客体的相互关系。行为者在行动和活动之前对于环境（客体的总和）的知觉和认知，不是纯客观的，而是多少加进了主观成分，从主观上给予规定和把握。这种从主体上予以规定和把握的环境，叫情境。根据情境概念，可以把思想政治教育情境理解为在思想政治教育过程中，教育者予以规定和把握的环境。教育者可以利用情境把教育内容有效地传递给受教育者；在情境中，受教育者之间相互影响可以共同内化教育内容。因此，思想政治教育情境是一种文化的、精神的、心理的、内在的、主体的体验、气氛和人际互动。

思想政治教育情境是相对于思想政治教育对象而言的，作为思想政治教育要素中影响思想政治教育效果的环境因素而存在。因此，加强思想政治教育情境的创设有助于提升教育对象的参与意识和接受效果，提高思想政治教育的实效性。

（一）创设平等对话——集体学习情境

集体学习是教育主体之间在一个共同的环境内互动式的学习。反映了教育过程中的主客体关系结构向主体间的转换关系。主客体关系是适应权威主义教育模式需要而产生的教育者与受教育者的关系，在这个关系中，教育者处于教育过程的决定地位，受教育者只是被动地服从教育者和教育活动的安排。主体间的关系是适应民主主义教育而产生的教育者与受教育者之间的关系，在这个关系中，教育者与受教育者的关系是平等的，这个平等不会因为双方知识的多寡而改变。

集体学习是教育主体之间在一个共同的环境内互动式的学习。集体学习的主要情境包括情趣环境、对话情境、学习型组织等。情趣环境是直接与人的兴趣和爱好联系的环境。在这种情境下，青少年心智处于放松状态，有利于获得他们在今后的成长过程中所必须的经验和体验。对话情境是主体在平等的对话过程中生成意义的环境。在思想政治教育实践中，课堂讨论、理论交流、民主生活会等形式都是对话的具体方式。学习型组织的价值是团体成员之间可以在工作过程中达到学习的目的，工作过程与学习过程是统一的。在学习型组织中，学习者之间的关系是平等的，对知识的探求是彼此的共同目标，没有领导与被领导的关系。因此，每个人的创造意识和创造能力都可以得到比较充分的发挥。

（二）人与环境互动——认知情境

思想政治教育目的之一就是增强人们对马克思主义基本理论的认识程度。马克思主义认识论的一个基本关系范畴是感性认识和理性认识。感性认识是理性认识的基础，没有感性认识就没有理性认识。情境是刺激感觉的外部条件，情境认知就是利用教育的情景实现教育的目的。现代社会，人们认知特征有感性化的趋势，增强了"读图"兴趣。之所以形成"读图"的认知趋势，与现代科学技术的发展是分不开的。以电视为主的现代传播媒介的发展和普及，为人们拥有更多的图像认知创造了条件；国际互联网与多媒体技术的发展和完善，也为人们进行图像的交流和创造提供了可能。适应这个变化，情境认知就显得更加重要了。

思想政治教育认知情境包括教学过程中的认知情境、日常生活中的认知情境和大众传媒中的认知情境等三个方面。课堂教学是学校思想政治教育的主渠道。以往思想政治理论课多重视教授、讲解，忽视教学过程中的情景设置，导致理论的传授过程与受教育者的认知过程脱节。这个时候不仅需要将抽象的理论与其产生的历史背景结合起来，更需要与一定的现实生活相结合。日常生活的空间主要包括家庭、社区等，日常生活的内容主要是生活、娱乐、交往等。日常生活情景的创设要重视父母、同辈人群体、校园文化等因素的影响。大众传媒中的认知情境建设可以区分为两个大的层面：一是社会上的大众传媒建设；二是一定的单位内部传媒环境的建设。

（三）渗透人文关怀——人文感化情境

思想政治教育在通过主渠道和主阵地培育主体性，保证方向性的同时，也需要建立有效的人文感化情境，通过环境进行综合的全面的教育。人文教育为思想政治教育提供了丰富的文化背景，为思想政治教育利用更广泛的知识作为载体提供了可能。人文教育本身就蕴含了思想教育、道德教育、政治教育等内容，能够促进思想政治教育的发展。所以，人文教育是思想政治教育重要的感化情境。

人文感化情境包括人文学科教育和心理关怀情境。

人文学科教育是以人文社会科学的学科为基础进行的教育。随着科学技术的发展，知识的细化越来越明确，专业化趋势也更加明显。目前，人文学科内部也出现了由于学科分化带来的影响。进行人文学科的教育，已经不只是对自然科学的补充，也是对思想政治教育的支持。如哲学和历史学科的教育直接影响受教育者对一定世界观、人生观和价值观的认识。马克思主义哲学的基本理论本身就是思想政治教育的主要内容之一。而文化、艺术教育可以丰富受教育者的文化知识和审美水平，提升人们求真、求美的需要。

心理关怀主要体现了以人为本的教育理念。心理关怀情境包括自我发展健康心理的情境和心理调适的情境。社会环境的复杂性和易变性增强了由竞争带来的压力，青少年成长环境的封闭和半封闭状态减少了他们与复杂环境接触的机会。这就造成了目前青少年心理素质发育不全的状况。通过创设挫折教育情境、生存考验情境等，以关怀人的心理成长为目的，帮助受教育者提高自我发展的能力。人们面对复杂多变的环境冲击与影响时，不可避免地会产生心理问题。如何缓解心理冲突，就涉及心理调适问题。进行有效的心理调适有许多种途径，比如自我调适、心理辅导等。

思想政治教育发展、改善环境的途径是通过思想政治教育、受教育者来实现的。思想政治教育作为运用"思想的工具"、以人的思想为对象、以提高人的思想认识为目的的特殊的社会实践活动，对环境的改善和发展有着独特的能动作用。

受教育者在思想政治教育系统中兼有双重身份，一方面，受教育者作为思想政治教育系统最基本的构成要素，是教育者认识和改造的对象，是思想政治教育目的实现的直接体现者，另一方面，受教育者又作为思想政治教育作用于环境的中介，起着传递思想政治教育对环境能动作用的功能。于是，就形成了这样一个链条：思想政治教育着力提高人的思想意识，人的思想意识的提高则有利于改善人的行为，增强人们认识和改造客观世界的意识和能力，一旦人们认识和改造客观世界能力提高，就会有效地促进环境的改善和发展。这就是思想政治教育作用于环境的内在逻辑，受教育者是这个链条的中间环节。所以，提高受教育者的思想意识，改善受教育者的行为，增强受教育者认识和改造世界的能力，是思想政治教育作用于环境的根本途径。

思想政治教育对环境的认识和把握应当是直接和全面的，但是能动的改造作用则是间接的。因此，任何时候都要把立足点放在通过转变人的思想、调动人的主体性来促进环境的改善和发展。这就要求我们一定要按照其内在规律办事，始终把受教育者作为改善和发展环境的着力点。

受教育者总是生活在一定的环境中。现代环境已经完全不同于传统环境，大量的新的环境因素不断生成，并成为影响受教育者思想和行为的决定性因素。现代环境的构成因素复杂，进步与落后因素、积极与消极因素、优良与不良因素共存于同一环境中，环境的影响因此变得多重和复杂。受教育者在接受进步、积极、优良环境因素影响的同时，也会受到落后、消极、不良环境因素的影响。因此，受教育者应该自觉对环境进行客观认识和正确评估，区分环境的积极影响和消极影响，做到心中有数。

在正确认识环境的基础上，应努力使受教育者保持在各种环境影响下的自主性，即保持对环境影响的独立意识、主人意识、驾驭改造意识，并进一步对环境作出趋利避害的选择，即选择有利的环境因素，避开或排除不利的环境因素。

第七章 新时期思想政治教育的保障与评价机制

第一节 思想政治教育保障机制及其构成

一、思想政治教育保障机制的解读

依据管理学和社会学的理论，可以把保障机制看作是为一切社会领域的实践活动提供物质、制度、精神、组织、人力、技术等方面条件的机制。学生思想政治教育保障即为了促进校园德育工作步入正轨，顺利开展，高校采取的诸如认真贯彻国家法规政策、制定相关德育管理制度、合理配置人、财、物资源、充分利用组织领导优势、打造良好的育人环境等一系列保障措施的总和。学生思想政治教育保障机制是为达到学生思想政治教育的目标，学生思想政治教育中起保障作用的内外部要素之间通过合理搭配、密切互动、协调运作来保证学生思想政治教育活动得以正常开展、有序进行的调节和作用方式。可以从三个方面对思想政治教育保障机制展开分析：

第一，学生思想政治教育保障机制的重要保障对象是学生。学生是社会主义现代化建设的新鲜血液和潜在力量，他们接受国家高等教育的培养，接受社会主义主流意识形态的熏陶和教育，具备较高的文化水平和素质涵养，能够较为理性分析客观事物，较为准确的区分是非曲直。面对这一重要群体，学生思想政治教育保障机制在运用到教育和管理的活动中要努力克服功利性的价值取向，不能单纯追求工具理性，更要注重价值理性，坚持以理服人，以情感人，强调机制规范的人性化、科学化和创新化，使高校学生自愿接受思想政治教育的理论观点，自觉遵守高校的纪律和要求，热情参与校园社团、科研、公益等实践主题和项目，努力提高自身的政治觉悟、道德修为和思想境界。

第二，学生思想政治教育保障机制的目标是提高学生思想政治教育的实效性。这个实效性主要体现在两个维度：①体现在思想政治教育教学、管理、服务、科研等工作能够得以有序、合理、稳定、高效展开；②体现在学生思想道德素质的提高、政治立场的坚定、能力素养的攀升，使学生的世界观、人生观和价值观达到思想和行为的统一。机制的形成和发挥作用为学生教育活动的正常运行和顺利开展提供保护的外衣和坚实的后盾，使高校德育工作步入正轨，实现教育整体效益的最大化贡献力量。

第三，学生思想政治教育保障机制的焦点是要素间的相互作用、协调运行。为了使学生思想政治教育保障机制的用途得到充分施展，要重点关注起防护效用的学生思想政治教育的内外部因素和要件，注重要素的完整性、丰富性和全面性，不仅要将现有相关要素融合到机制内部，还要坚持创新和发展理念，不断发掘和培养新的机制要素，以此适应学生德育工作不断变化发展的情况。还要关注学生思想政治教育保障机制各要素的相互关系、作用方式和运作规律，突出机制要素的优化搭配、合理构造和密切互动，以利于实现机制整体的高效运作和长远发展。

二、思想政治教育保障机制的特点

（一）系统性

所谓思想政治教育保障机制的系统性，可以从以下角度理解：

首先，学生思想政治教育保障机制是一个相对独立的有机整体，通过一定的有规律的作用方式和调节方式，使机制内部各有机组成部分之间相互联系、互动配合、协调运转，通过不断充实和完善内外部因素和要件实现机制整体性功能的发挥。

其次，学生思想政治教育保障机制是属于学生思想政治教育机制系统中的一分子，它是以某种显性或隐性的方式与学生思想政治教育机制中的动力机制、调控机制、评价反馈机制密切配合。虽然它们的结构、作用、状态各有侧重、存在差异，但彼此之间又相互关联、协同和制约，共同致力于促进学生思想政治教育机制系统的有序健康发展。

最后，学生思想政治教育保障机制存在于高校工作的大系统、大氛围之中，是高等教育中的重要一环，必须从系统工程的角度看待它的作用和功能，它是依附于高校的管理工作机制中去调节和完善的，只有秉承这样的观念和态度，才能有效利用机制下好高校德育工作全盘的大棋。只有将机制融入高校教书育人、管理育人、服务育人的各项实践活动中去，形成共同的着力点和制动点，才能有效推动大政工、大德育的高校育人环境建设。

（二）整合性

学生思想政治教育是一个有机的复合体，需要从整体上对这一有机体进行合理调整、统一协调，才能使其保持在一种健康协调的运作形态，保证学生德育工作的有序开展和高效运作。所谓整合性特点描述的是机制拥有整体结合、统一协调的特性和功能，具体表现在两个方面：①融合性整合，为了使机制处在健康、协调、可持续发展的状态，我们必须使机制内部各部分之间相互调整、相互融合，这样才能形成合理的框架结构和灵活的运转方式，使机制各有机组成部分相互促进，形成有效的整体合力；②互动性整合，学生思想政治教育保障机制不是孤独存在的个体，与外界条件密切相关，因此必须要协调机制系统与外部条件之间的关系，随着学生思想政治教育内部的教育者、受教育者、活动、计划、载体、媒介等和外部的教育环境随着时代和社会的变化而不断变化，要在机制已有的基础之上，不断与机制外部的新鲜要素进行积极的优化配置和互动整合，从而使机制系统与外部环境的物质能量转换始终处于良性发展的状态。

（三）渗透性

学生思想政治教育是一项长期的不间断的实践活动，其计划和任务的完成离不开学生思想政治教育保障机制发挥"润物细无声"的作用，这就使得保障机制具有了渗透性的特质，综合来看，具体表现在两个方面：一方面，保障机制与学生思想政治教育的其他机制之间互相渗透，互相配合。由于学生思想政治教育中的各个机制之间的要素具有相关性和互动性，机制运行的环境、条件具有相似性和趋同性，因此各机制在运行的过程中不是孤单和割裂的状态，而是以一种"你中有我、我中有你"的形态共同致力于思想政治教育的构筑和运行。另一方面，保障机制渗透在思想政治工作的方方面面，包括各种形式的教育活动以及各部门管理学生、服务学生的工作中。它通过自身的作用和运行，使其逐渐渗透进学生思想政治教育的各个环节，各个过程，落实到每个角落，每个阶段，以一种灵活的、潜隐的方式发挥保障的作用，使学生在不知不觉中受到教育和影响。

（四）动态性

动态性是对学生思想政治教育保障机制各方面发展状况的描述，主要指的是机制运动变化的状况，或者是从运动变化的状况考察机制的运动发展情况的方式。学生思想政治教育保障机制本身就是一个动态的系统。一方面，机制本身就是一个动态的发展过程，它不是静止不动或者经历一次发展就消失结束、停滞不前，而是一个循环往前、螺旋上升的过程。另外，由于机制内部要素的发展变化，导致机制内部要素之间的相互关系、相互作用的条件发生变化，继而使学生思想政治教育保障机制的运行方式呈现动态性的转变。另一方面，机制的外部性条件也是发展变化的，这些外部条件的变化会对机制的主客体产生影响，进而影响机制的运作过程，使得机制处于不断变化、不断调整的状态。

三、思想政治教育保障机制的必要性

当前，由于国际形势的风云变化和国内改革的深入发展，加之又受到政治、经济、文化、社会等客观环境的影响和制约，学生思想政治教育面临的问题和困境复杂多样、层出不穷。与此同时，学生思想政治教育自身也正在经历一场浴火重生的蜕变——由以往的经验总结式工作形态向制度化、规范化的工作模式转变，同时各级党委部门和学校也在下大力做出改变和创新，力图建设科学化、综合化、体系化、全面化的学生思想政治教育。因此，要构建科学合理、行之有效的学生思想政治教育保障机制与之相配合，为学生的思想教育、政治教育和道德教育的有序发展披上保护的外衣、装上安全的阀门、筑上坚实的屏障。

（一）克服市场经济消极影响的客观要求

市场经济的产生是社会的进步体现，但是它对人类的影响有好有坏，要扬长避短，高度警惕它所带来的消极负面影响。众所周知，随着中国特色社会主义市场经济的逐渐建立和完善，掀起了一场深刻的中国社会革命，在这股巨大的经济浪潮的影响下，高校学生的价值选择、行为习惯也随之发生较大改变。我们必须深刻认识社会主义市场经济的发展对当代青年学生生活、学习产生的深远影响，尤其是要全面认识市场经济所产生的逆向、消极影响对高校德育工作的威胁和冲击。

首先，市场经济开放性的消极影响。市场经济是一种开放经济，伴随着社会主义市场经济体制的不断深入和对外开放的不断发展，为西方国家的腐朽思想和不良生活方式的入侵提供了机会，受社会阅历和思想品德局限，学生容易被西方文化的现象所迷惑而产生浅层次认同，导致他们在思想观念、生活观念、消费观念上发生很大的变化，对学生产生不良影响。

其次，市场经济求利性的消极影响。市场经济是一种效益经济，市场经济的求利性容易使人产生拜金主义和厚利轻义的价值取向，加上社会主义市场经济体制建设是一个逐步完善的过程，适应这种经济的一些规则、制度还不健全，导致某些人钻法律空子，谋取个人私利。在利益驱动下，唯利是图等不良思想和行为也层出不穷，严重败坏社会风气，对青年学生产生极其不利的影响，给高校德育工作带来强烈的刺激和冲击。

市场经济所产生的消极影响致使人们在追求经济利益的过程中，往往过分关注物质生活的满足忽视精神世界的建设，与学生思想教育的目标背道而驰。当高校的积极教育与市场经济的消极影响发生摩擦和矛盾时，仅仅依靠单一高校教育活动往往会力不从心，因此需要发挥社会主流价值观对学生的引导指示作用，发挥相关法律制度对学生的规范约束作用，发挥人力、物力、财力等资源对高校德育的支撑防护作用，发挥家庭、学校、社会的综合环境建设对学生的熏陶感染作用，而这些正是保障机制发挥功能的表现，是其施展防护能力的展示。

（二）应对信息化与新媒体时代机遇的需求

网络和信息技术的飞速发展，新媒体的广泛运用以及在云计算、物联网及大数据的带动下，信息化、数字化的影响和改变着人们的社会生活。

网络的开放性使得网络信息丰富且多样，使得学生思想政治教育的素材不再局限于电视、报纸、杂志、书籍等传统媒介，可以通过利用网络素材的全面性、充裕性促进教育内容的更新，增加教育的多彩性和生动性。

新兴媒体的多样性体现在以电脑、手机等通信工具为媒介，以微信、微博、网络直播等通信软件为载体大大增加了学生思想政治教育的平台和空间，诸如高校官微、公众号的建设，增加了学生与管理者之间的双向交流，促进了正确思想的传播，使学生能够第一时间掌握学校动态，也使得学校能够及时了解学生想法，无形中拉近了教育者与受教育者之间的学习距离和情感距离。

当前，互联网的快速发展，新媒体技术的层出不穷，海量化的信息内容随着多种媒体平台的传播，增加了人们获得教育资源的途径，给予了人们交流思想的工具和媒介，增加了世界各地区、各学科领域优秀文化对话的机会，构建学生思想政治教育保障机制能够帮助学生更好地利用网络资源，通过各种物质的、精神的、有形的、无形的保障措施和手段帮助人们从网上获得有益的东西，将网络打造成另一个全新的思想政治教育阵地，为学生德育工作开辟新途径、新平台。

（三）增强学生思想政治教育实效性的必然选择

第一，保证党对高等教育的领导，完成高等教育改革发展的目标。在对学生进行思想政治教育方面，高校是主要的基地。高校党委是整个学生思想政治教育的中心组织，也是高等教育的关键管理环节。在现阶段我国的高等教育正处于进一步深化改革、加快发展的时期，高等教育也从封闭走向开放、从自成一统走向融入社会的大趋势中。这一变化，使高等教育在领导与管理体制方面出现多样化趋势。加强学生的思想政治教育保障机制建设也重在加强高等教育的领导管理体制建设。在高等教育逐步由重专业教育向重素质教育转变，由重共性要求向个性发展转变，由"学校办社会"向"社会办学校"转变的过程中强化高校党委的领导核心作用，可以保证党对高等教育的领导和指挥，在党委有力的领导下，保证高等教育改革发展目标的完成与实现。

第二，保障学生思想政治教育工作的目标实现，提高教育的质量。学生思想政治教育是一项具体的实践工作，能否有效地完成思想政治教育的任务，不仅需要教育者和受教育者之间的良性互动，同时还需要一系列制度来保障教育工作的完成。任何实践工作如果没有有效的体制作为后盾保障，那么工作主体无论如何努力，也不能达到事半功倍的效果。同理在学生思想政治教育工作中建立完善的保障机制作为后盾，完善保障机制各要素，充分发挥各组成要素的功能最大化，则整个学生思想政治教育就会处于良性的工作状态中，思想政治教育的质量和效果也会得到提高。这些都将促进学生整体素质的提高，最终实现他们的成长成才。

四、思想政治教育保障机制的构成

（一）思想观念保障

1. 思想观念保障的构成

思想观念保障是指为完成学生思想政治教育任务、计划，适应学生观念、思想、意识的新潮流、新趋势而采取的教育指导思想及教育观念和模式。主要包括以下三个方面的内容：

（1）由国家倡导和宣扬的社会主义主流价值观保障，包括科学发展观和社会主义核心价值观，这些价值观念既是建设中国特色社会主义事业的指导思想，是国家意识形态的体现，同时它们也应该是高校德育工作和政治工作的指导思想。

（2）符合时代潮流学生思想政治教育的先进观念保障，包括"育人为本、德育为先"的观念、"以生为本"的观念、"全员育人"的观念、"三全育人"的观念等，它们都是在遵循思想政治工作运行的境况和人思想政治素质形成发展规律的基础上不断总结摸索出来的，是学生思想政治教育活动的行动指南。

（3）中华民族优秀的传统思想道德观念保障，包括以爱国主义为核心的伟大民族精神、以"仁爱"为核心的人道主义精神、以"修身、齐家、治国、平天下"为核心的人生理想、以强调社会利益大于个人利益，个体对整体的道德义务为核心的集体主义精神等。"中国传统文化源远流长、博大精深。跨越千年历史长河，在当今时代，中国文化依旧在默默诉说古人的教诲，在阐释先人的智慧。"① 它们是几千年来中华优秀传统文化的精华，是根植于中国社会文化土壤的硕果，是中国人的身体力行的基本道德规范和行为准则，是学生思想政治教育应该汲取的养分和能量。

2. 思想观念保障的作用

构建学生思想政治教育保障机制，思想观念保障要先行，要充分发挥思想的导向功用。思想政治教育观念主要囊括人们在教育实践的作用下形成的对思想政治教育活动科学有理、辨证思维的观点和理念，是引领学生思想政治教育的中心理论和价值向导，对学生德育的相关工作指导具有非凡的意义。

（1）思想观念框定学生思想政治教育的价值取向。学生思想政治教育具有鲜明的政治特征，对"培养什么人""如何培养人""为谁培养人"这一系列问题的回答直观的展现出它的性质和倾向，由此可见，学生思想政治教育必须具有明确的政治方向，与此同时，它还必须具备正确的价值取向。思想观念保障首先在价值观上坚持了马克思主义的指导地位，使先进文化、主流意识形态在包容中实现引领，在共存中巩固主导，为学生思想政治教育框定了价值选择和行为导向，使其在发展的进程中不偏离主旨，不走错道路。

（2）思想观念是学生思想政治教育保持正常运作的精神动力和智力支撑。高等教育的根本任务是对人的培养和塑造，必须按照"育人为本、德育为先"的要求。而将学生思想政治教育的思想观念渗透到其教育学生活动的方方面面，有利于提高学生的政治觉悟和道德鉴别力，自觉抵制各种错误思潮的影响，形成正确的政治态度和处世观念；有利于继承和弘扬爱国主义精神和民族优良传统，形成奋发向上的精神力量，促进个人道德品质与社会道德水准的共同提高。

（二）组织领导保障

1. 组织领导保障的任务

组织领导保障是指通过完善高校管理系统的领导体制并建立健全组织运作方式，使学生思想政治教育工作能够在党委统一领导下，充分调动学校组织系统内各方面的积极性，形成权责明晰、关系协调、齐抓共建、覆盖全校的工作模式与格局。组织领导保障需要解决的任务主要涵盖以下方面：

（1）思想政治教育组织体系的设置，它主要包括思想政治教育的组织体系要符合一般意义上组织结构的系统构建，各组织部门要有横向和纵向层级的延伸和扩展。当学生思想

---

① 李沐潼. 中国优秀传统文化融入大学生思想政治教育研究 [J]. 文化产业，2022 (05)：123.

政治教育的计划任务明确以后，高校负责德育管理的领导班子首先要对学生思想政治教育的工作任务进行划分和分类，然后成立相对应的部门负责不同类型的德育工作，每一个职能部门根据管理的幅度分别设置与己相关联的纵向管理层次，最后形成一个完整教育组织管理系统。

（2）思想政治教育组织内部合理的分权和正确的授权。分权合理、授权适宜，有利于学生思想政治教育组织内部包括管理层在内的各个层级、各个部门为道德共同的工作要求而通力合作。

（3）思想政治教育组织内部人员的合理配置。人员是否优化配置形成一个凝聚力强、战斗力强的工作团队对思想政治教育组织的高效运作有着非常重要的意义，因此，对高校政工队伍的择优选拔、合理配置、监督管理、评价考核、绩效奖励等都要做好相应的安排，维持组织内部人员的稳定和结构的完整。

（4）思想政治教育组织的运行和革新。高校教育组织的运行需要依靠管理层构建科学规范的管理组织，紧紧围绕高校育人成才的总体任务，制定符合实际的政策、规章和制度，建立组织内部通畅的沟通交流模式。与此同时，高校的管理者还需要依循学生思想政治教育发展变化了的对象、条件和环境等，合理的调整组织构造和及时地进行组织革新。

2. 组织领导保障机制的构建原则

遵循一定的原则，可以更好地完成任务。由此，要根据学生思想政治教育的中心目标以及其所处的客观现实状况，结合学生思想政治教育组织领导保障的主要任务，旗帜鲜明的阐释构筑学生思想政治教育的组织领导保障的原则，既可以指导高校德育管理活动，又可以提高组织管理的效能。构建组织领导保障机制的原则主要有以下三个要点：

（1）组织管理的有效性原则。学生思想政治教育组织设置及从事的教育实践是以实现高校育人成才的目标为目的的，组织结构的设置、工作内容的分配、人员的配备都是为了高效率做好学生思想政治教育的计划和安排，这是组织管理有效性原则的主要体现。

（2）统一指挥与自主创新相结合原则。学生思想政治教育必须建立在党委统一领导、党政齐抓共管的管理体制之下，思想政治教育工作者必须服从上一级的安排，领导者也必须经过统一的协商后，将工作部署安排下去，组织的管理者和实施者必须高度统一，才能保障组织内部工作的有序进行，与此同时，由于学生思想政治教育的工作环境复杂多变、教育对象参差不齐、需要处理事件层出不穷，思想政治工作者也必须在尊重实事求是统一指挥的原则下，积极发挥主观能动性，机智灵活处理学生思想政治教育中的突发事件和紧急事件。

（3）坚持权力和责任相统一的原则，学生思想政治教育的组织系统内部为了避免权责不清、互相推诿现象的出现，需要对组织内部权力和责任进行明确的设定和划分。通过组织内部职责和职权的统一，避免渎职、权为私用的危险，从而保障学生思想政治教育组织的高效运转。

（三）制度规范保障

1. 制度规范保障的构成

制度规范保障主要是指通过建立健全思想政治教育各项制度规范和管理条例，不断提高学生思想政治教育工作的科学化和规范化水平。思想政治教育制度规范大致可以分为三类：①从制度规范的制定者角度划分，可以分为国家层面出台的法规政策，思想政治教育主管部门制定的制度规范以及地方单位和高校依据上级文件要求制定的规章条例；②从制度规范与约束的对象角度划分，可以分为思想政治教育的工作制度、评估制度、奖惩制度、管理制度等；③从制度规范的内容结构角度划分，可将其分为专门性和综合性的思想政治教育制度规范。

思想政治教育制度规范具有长期性、固定性、强制性和预见性的特征，制度规范不仅对教育主客体的行为具有强大的约束力还可以极大地提高学生思想政治教育的工作效率，使思想政治教育有据可依、有章可循。制定符合高校和学生实际情况的各项规章制度，有利于高校规范师生行为，教育者和受教育者各守其位，各司其职：教育者在做好本职工作的同时，还要用高尚的人格魅力感染学生，受教育者在搞好学习的同时也要努力地提高自己的道德情操，两个教育主体都明确知道自己在校园生活中应该做什么、不应该做什么，以此创建一个和谐、文明的校园德育环境。

2. 制度规范保障机制的构建原则

任何范围领域的制度规范机制构筑和运行都需要遵循一定的原则和要求，这种观点同样适用于高校教育的制度机制建设。高校是学生思想政治教育的主要平台，学生思想政治教育所涉及的教学、管理、科研等项目的实施离不开学校的组织实施，为了能够有效地完成学生思想和道德教育的任务，必须要建立健全高校的各项规章制度，使得学生思想政治教育工作不断走向有序化、规范化的道路，真正将高校德育的各项要求落到实处。为了实现这样的效果，在构筑和运行学生思想政治教育制度规范机制时必须要坚持一定的原则，才能保证方向，提高制度规范的有效性和准确性，具体包括以下三个维度：

（1）合法性原则。思想政治教育规章的制定和实施必须以国家的法律法规为前提和基础，既要与法律法规相统一，又要与国家思想政治教育的路线、方针、政策相统一。

（2）合理性原则。思想政治教育制度规范的制定要综合考虑其是否因时因地制宜，是否符合广大师生的正当利益诉求，是否具有人性化，能否有效提高学生政治素质和道德水平，能否促进师生关系的和谐发展。

（3）及时、全面、可执行的原则。思想政治教育制度规范的有效实施，离不开其根据现有的客观实际和学校的整体情况，将思想政治教育的制度规范全面覆盖到高校的各个角落，并且高度重视思想政治教育制度规范的可操作、可利用程度。

（四）工作队伍保障

1. 工作队伍保障的构成

工作队伍保障是指为加强和改进学生思想政治教育的需要而建设的一批高素质、高水平的思想政治教育工作队伍及师资力量。思想政治工作队伍的主体是学校的党政干部、共青团干部、两课教师、专兼职辅导员和班主任。学校党政干部和共青团干部负责学生思想政治工作的组织管理和活动的协调实施；两课教师主要是根据学科和课程内容的设置，遵照育人成才和促进学生全面发展的目标要求，对学生进行思想、道德和人文素质教育；班主任、辅导员担负学生思想政治教育的重要职责，是思想政治宣传与教育的具体承担者，是与学生面对面近距离的开展思想工作和道德育工作，其中专兼职辅导员依照党委的部署有计划、分阶段地实施思想政治教育任务和工作，班主任负责在学习、生活、心理等方面教导和帮助学生的责任。

2. 工作队伍保障的作用

工作队伍保障的作用指的是高校政工团队在思想政治教育实践中起组织保障和人力基础的功用。尤其是这股力量在思想政治工作的管理、教育和科研等方面都有着非常重要的职责，占据支配地位。

（1）学生思想政治教育工作队伍是高校德育工作、政治宣传工作、思想教育工作等的主要参与者，运用灌输、激励等手段，通过系统宣讲、日常教育、辅导治学、指导实践等途径，有计划、有组织地对学生进行理论教育和思想疏导，一方面，启发学生的思想政治觉悟，提高学生解决思想问题的能力，引导学生将自身的全面发展与国家的前途命运结合起来，增强学生的民族自豪感和自信心，激励学生为民族振兴、国家富强不懈奋斗；另一方面，引导学生自觉克服错误、不健康的思想意识，调节学生的心理状态，调和师生间的关系，促进学生将正确的思想意识内化于心，并通过自身的实践将学生思想教育和道德教育的要求与规范外化于行。

（2）学生思想政治教育工作队伍是协调思想政治教育各种关系的主要力量。教育工作者通过运用形式多样的方法和措施，协调学校以及家庭、社会各方面教育力量之间复杂的关系，使之形成教育的合力。一方面，学生思想政治教育工作队伍是协调学校教育与家庭教育、学校教育与社会教育、学校教育与网络教育的媒介，使学校、家庭、社会形成一个密切联系的整体，使各种教育力量达成教育目标一致、方向一致；另一方面，学生思想政治教育工作队伍也是协调队伍内部关系的承担者，通过协调使得队伍能够朝着共同的目标或任务前进，避免群体冲突或内部矛盾，以实现思想政治队伍"教书育人、管理育人、服务育人"的整体功能。

（3）学生思想政治教育工作队伍是促进思想政治教育理论研究的中坚力量。显而易见，科学的理论和观点对实践具有巨大的指导和促进作用。学生思想政治教育的顺利发展离不开对自身规律的总结和探索，离不开对学生群体的研究和分析。深化理论研究，将极大地推动思想政治教育朝着规范化、体系化的道路迈进，也有利于德育工作者自身素质的提升。因此，学生思想政治教育工作者通过一系列的调研、分析、总结，有助于不断充实和完善思想政治教育学科体系。此外，通过将思想政治理论运用到解决思想政治教育新难题、新困境，不断发掘思想政治教育的新机制、新途径，为加强和改进思想政治工作提供可操作的理论指导。

（五）经费物质保障

1. 经费物质保障的构成

经费物质保障是指通过提供经费支持和建立各项基础设施、设备，改善条件来保障学生思想政治教育工作的有序开展和教育目标的实现。物质经费保障主要涵盖以下四个方面：

（1）学生思想政治教育的基础设施、设备保障，如必要的场地设施，包括思想政治教育的工作场所、活动场所等；再如必要的教学设施和资源，包括教学中需要的专题图书、教学资料、计算机、多媒体设备等。

（2）学生思想政治教育工作的专项经费保障，主要用来保障思想政治工作者的学习进修、能力培训、社会考察、表彰奖励以及组织思想政治教育理论研究、课程建设、实践调查、聘请专家学者参与教育活动等所需的经费。

（3）针对高校贫困生的资助经费保障，主要包括对贫困学生提供奖励、资助、补贴、减免等所需的经费。

（4）学生思想政治教育各项实践活动所需要的经费保障，比如支持学生开展军训军事训练、生产劳动、社会调研、志愿服务等形式为主的项目所需要的经费，再比如支持学生结合所学专业开展专业实习挂职锻炼、助研助管、科技发明、创业等实践活动所需要的经费等。

2. 经费物质保障的作用

学生思想政治教育需要耗费大量的物质生产资料，需要充足的物质经费投入才能使其更好的运行。物质经费保障的作用涵盖以下两个层面：

（1）物质经费保障是维持学生思想宣传工作、政治工作等有序开展的物质基础。学生思想政治教育是高校管理的一部分，涉及到行政、科研、教育等方面，需要大量的人力、物力、财力的投入，学校才能拥有必要的基本设施设备和条件，为学生思想政治教育供应必要的空间和资源，才能保证各机构工作的正常开展。必要的物质经费投入是学生能够开展社会实践活动的前提，社会实践对于培养学生思想政治素质的意义不言而喻，落实经费投入确保高校各项实践活动有序开展，才能激发学生积极投入到社会实践的锻炼中去，让他们在实践中不断增强创新意识和提高创造能力。

（2）物质经费保障是提高学生政工队伍积极性的必要手段，思想政治教育活动的关键在于建设一支精干高效的教育团队，必要的专项经费则是建设这支队伍的物质基础。通过充足的物质经费保障，才能保证学生政工人员的待遇不断提高，激发他们的工作热情，使得他们能够安心工作，各司其职，保证团队的稳定性，促进学生思想政治教育任务的有序顺畅完成。

第二节　思想政治教育保障机制的构建思路

对于学生思想政治教育保障机制来说，只有恰到好处的运用它，才能使其不断发挥作用，达到服务学生思想政治教育的目的。在学生思想政治教育的实践工作中，教育工作者尊重客观规律的前提下，不断发挥集体和个人的智慧，科学规范的操作学生思想政治教育保障机制，使其能够正常运转，真正促进学生思想政治教育的发展。

一、坚持原则，匡正价值取向

（一）目标一致原则

目标指的是人们在实践中期望达到的境地或标准。学生思想政治教育的目标即高校政

工人员在进行教育活动前就确立的期望达到并尽最大努力达到的提升学生思想政治素养的结果，是实施学生思想教育活动后达到的状态标准，它是思想教育的核心和灵魂。为了确保学生德育工作目标能够实现，学生思想政治教育保障机制必须定位准确，明确其职责是用于服务于学生德育并促进其不断完善，保持良好的运行状态。

一方面，学生思想政治教育保障机制的目标必须与学生思想教育的目标相统一，前者隶属后者，二者共同致力于提升学生思想道德水平，为国家培育能力强、素质高的建设型人才，共同致力于思想政治教育效能的提升，为其持续健康发展贡献力量，这样才能使学生思想教育保障机制的制定和运行保持正确的发展方向，不偏离高校思想教育运行的轨道。

另一方面，学生思想政治教育保障机制的目标必须与高校制定的中心任务相统一，前者服务于后者。高校的中心工作是教书育人、管理育人、服务育人，学生思想教育保障机制的运行不能偏离学校的中心任务，我们需要紧密结合高校的工作规划，恰到好处的将其融入学校教学、科研、管理等工作中去。

（二）工具性与价值性相统一原则

"内在价值"和"工具价值"是由美国著名教育学家杜威提出来的，这种主张德育"内在价值"和"工具价值"的区分理论引起了教育界的高度重视，许多专家学者开始关注并深入研究这一理论，人们开始反思传统的德育思想的局限性，从一个更新颖、全面的角度来研究德育的问题。

所谓内在价值主要指的是某一事物或对象本身所具有的意义，所谓工具价值指的是某一事物或对象在某一计划、目的或任务中的作用。与此相对应的方面体现在学生思想政治教育保障机制的内在价值是指要按照其自身规律的内在要求实现全面性发展，学生思想政治教育保障机制的工具价值是指其对思想政治教育的有用性。高校传统的思想政治教育往往在实际工作中过于强调工具价值而忽略内在价值，导致该机制充满着"工具化"的运行方式和作用方式，片面强调它对于学生德育的效力，忽视了其自身的意义和价值。

学生的思想政治教育保障机制所含的内在价值和工具价值之间的关系具有辩证统一性，内在价值是源泉，是工具价值的基础；工具价值体现延伸性，是内在价值的外显。

（三）规范化与人性化相统一原则

学生思想政治教育保障机制由人来制定并得以实施，也由人来监督并且进行反馈，由此我们可以看出人在学生思想政治保障机制中所发挥的重要作用。当前的教育理念是以人为本，尤其是以学生为本，为了秉承这个正确的教育理念，必须努力克服学生思想政治教育保障机制运行中呈现出的"机械化"思维方式，将学生自身发展作为核心，强调人性化管理和人性化教育在机制运行中的作用。因此，保障机制在其运行过程中要积极发挥人的主观能动性，积极发挥个人和集体的智慧，注重人的思维和意识对机制的构筑方式与运行方式的作用和意义。

二、遵循规律，构造运行法则

规律是指事物之间或事物内部各个要素之间的本质联系及其矛盾运动的必然趋势。学生思想教育保障机制体现出的规律意指学生思想政治教育保障机制在其运行进程中其内部各个要素有机组成的本质联系及其矛盾运动的必然趋势。揭示学生思想教育保障机制的客观规律，才能够形成更加科学合理保障机制，才能确保让它在运行过程中更加的协调，才能更好地完成学生思想和德育教育的目标和任务。

（一）满足需要规律

需要指的是主体对自身生存和发展的一切条件的依赖、指向和需求，主体的需要能够得到满足是事物发挥出作用和效能的表现。学生德育教育也是在满足学生高级精神需求的条件下才能更好地展现出活力，这是思想政治教育的现实诉求，也是适应思想教育规律的表现。因此，学生思想教育保障机制也必须遵循适应学生、高校和社会发展要求。在学生思想政治教育保障机制运行过程中，必须从科学化、合理化的角度，综合考虑学生的全面性发展、高校的长远性发展和社会的永恒发展要求。这样就有利于保障机制真正遵循适应需要的规律，有利于有效开展学生的成长成才、高校德育工作和构建社会主义和谐社会。

（二）要素协同规律

要素是构成学生思想教育保障机制的基础和前提，既包含人、财、物、时间、空间等客观要素，也包括思想、精神、理念等主观要素，既包括学生思想政治教育保障机制的对象、内容、目标等内部要素，也包括文化、环境等外部要素。要素组成了学生思想政治教育保障机制的静态结构也贯穿其运行的动态过程。

一方面，学生德育各有机组成要素要保持在资源上的富足性，立足已有机制要素的基础上，不断开拓和发掘新的要素，并使得这些新开发出来的要素得到恰当地使用，能够让其很好的融入已有的机制中去，并且能够打破旧的机制束缚，重新调整要素的构成方式，使得学生思想道德教育保障机制各要素在自我发展和与新的要素有机融合中得到共同的更

新与进步。

另一方面，学生思想教育保障机制的各要素要充分考虑时间和空间两方面因素，各要素不仅仅要做到在学生德育空间上保持一致性，也要做到在学生思想教育时间上的连续性，也就是说各要素要在学生道德教育的时空分布中，要素布局合理，时间配合上不出现超前或延迟。

总而言之，学生思想教育保障机制的主体、客体、媒介、环境等要素必须在保持方向上的一致或者说是趋于一致，才能更好地发挥学生思想道德教育极致的威力和战斗力。

（三）发展平衡规律

学生思想政治教育保障机制是一个相对独立的有机整体，在一定动力的作用下，人们不断的发挥个人或集体的智慧，使得该保障机制得到不断成熟和完善，这是一种发展的状态。与此同时，在机制不断的发展和完善的过程中，机制里的各要素按照一定的方式密切联系、互相协调，好似一个拥有鲜活生命的有机体，各要素之间又能各司其职，各得其所，使得保障机制能够保持有序和稳定，这是一种平衡的状态。由此可以看出该保障机制呈现的发展和平衡是其所处的两种不同的状态，二者是辩证统一的关系，既有对立面，也有统一性、没有发展，学生思想政治教育保障机制就会停滞僵化；没有平衡，学生德育就会失去秩序。

思想政治教育保障机制的成熟与否，很大程度上在于能否很好的把握发展与平衡二者之间呈现出的关系，能否使它们有机结合、相互配合，协调稳定的维护学生思想政治教育的保障机制的良好运行。学生思想政治教育保障机制呈现出的发展与平衡既是一种相对性状态，也是一种永不停歇的过程，机制的发展不是一次性的任务，一个过程的结束不代表机制使命的完成，它总是一环接着一环，过程中包含着过程，是继承性和创新性相统一，即现阶段的思想教育保障机制已经实现的过程是下一过程的基石，而正在进行的思想教育保障机制的过程也在不断地进行自我超越、自我突破朝着更高的过程迈进，从而使高校思想教育、政治宣传教育、道德教育等保障机制的运行展现系统平衡而又螺旋式循环上升的态势。

三、厘清关系，协调机制运行

学生思想政治教育保障机制在其运行的过程中需要厘清的关系很多，并且各种关系错综复杂，如果处理不得当，就会挫伤机制运行的效果。这些关系中，尤其要注意把握四大关系，即党政关系、网上与网下的关系、宏观与微观的关系、物质保障与精神保障的关系，它们是学生思想政治教育保障机制有效运行时需要着重调解的对象。

（一）厘清党政关系

中国特色社会主义建设是在中国共产党的领导下顺利开展的，学生思想政治教育作为党的事业的重要组成部分，党的领导是确保其工作顺利进行的重要前提。同时，中国特色社会主义事业也是在国家行政机关的组织和管理下有序进行的，学生思想政治教育作为国家行政事务中的一环，行政系统的管理是学生思想政治工作顺利实施的关键，只有将党的领导和国家行政机关的管理有机结合和统一起来，高校政治工作、德育工作才能又好又快的发展。

为了实现高校对学生政治教育、道德教育的有效组织领导管理，我们在摸索中找到了妥善处理高校党政关系的体制，它就是党委领导下的校长负责制，并逐步固定党委统一领导、党政齐抓共管的工作制度。在这一体系制度下，党委在思想政治教育处于核心地位，党委的领导在思想政治教育方面主要是政治方向领导、决策领导、协调和监督领导等，负责思想政治教育方面重大决策制定，统筹协调各部门的思想政治工作。同时，在党委领导下，也要不断发展和完善校长及其领导下的行政系统为主的思想政治教育的领导机制、管理体制和监督机制，校长要对学生综合素质全面发展负责，学校的行政系统负责将思想政治教育的重大决策和规划执行和实施，高校行政部门在学生思想政治教育中越来越强大。

因此，必须不断完善党委领导下的校长负责制，才能妥善地解决高校党政之间的关系，为学生思想政治教育保障机制提供和谐的组织领导保障，使得高校内的各教育主体、教育力量能够明确自身职责，做到权责明确、工作内容分割合理，同时又能相互联系，形成强大凝聚力，为学生思想政治教育打造坚实屏障。

（二）厘清网上与网下的关系

网上与网下的关系主要涉及网络思想政治教育和传统思想政治教育之间的互动与关联，这是一个前所未有的联系，必须要引起高度重视。

网络思想政治教育是随着互联网技术的发展进步而随之兴起的，它是以网络为主要平台开展的教育，具有新颖性和开创性。当前，我国的互联网事业如火如荼地开展，人们已经走进网络化、信息化时代，在网络文化的影响下，学生的思维角度、生活态度、人际交往形式都发生了较大的转变。学生思想政治教育保障机制在运行的过程中，既要充分利用传统教育形态的有效保障手段，同时也要加强由网络教育形态带来的可靠保障措施。学生思想道德的培育既要坚持网下工作也要坚持网上工作，最好的方式是打造成网上与网下新型互动联合工作格局。

一方面，充分利用好学生传统思想教育的教化、指导和预防功能，开设与网络相关的课程，特别是在计算机、网络等有关书籍、教材中要恰当地增加网络德育规范的内容，将网络道德的教育要求和注意事项加入专业课堂的教学和考试中，以此引起受教育者的重视和警觉，由此形成正确的网上思想道德观，规范的网络行为，养成良好的上网习惯。

另一方面，做好高校网络思想教育的熏陶、感染和同化功能。网络对学生的影响往往带有潜隐性，不知不觉间学生就接受了网络文化的影响，因此，高校政工人员要坚决守护好网络特别是校园网络的重要战场，通过网络的魅力和影响力，大力弘扬中国社会的主流价值观和舆论，并且对网络的道德和不道德的行为做出明确合理的判断和评价，从而有效引导学生的网络文明认知和网络文明行为选择，实现学生自身道德素质的综合提高。

（三）厘清宏观与微观的关系

宏观与微观的关系指的是学生思想政治教育保障机制可以从宏观和微观两个观察视角展开分析和讨论。

宏观的学生思想政治教育保障机制指的是以各级党委、政府及其职能机构为主体，依据有关职责规定给学生思想政治教育提供各种保障的条件和措施，通过一定的有规律的法则使这些保障条件和措施相互关联、相互约束并协调运行的调节方式和作用方式的总和；微观的学生思想政治教育保障机制是以学校为主体，向承担思想政治教育工作的部门、人员提供工作保障的全部条件和措施及其所形成的相互联系和相互作用，微观保障机制的运行就是这些保障条件和措施相互联系、相互作用持续发生的过程。

宏观的学生思想政治教育保障机制和微观的学生思想政治教育保障机制既相互区别又相互联系，相互区别主要是二者隶属不同的职能主体，所以这两个层面的保障机制提供的思想政治教育保障范围是不同的；相互联系主要是二者都共同致力于高校思想政治教育、政治宣传教育等保障机制的构造和运转。同时，这两个层面的保障机制又是互为前提、相互依存的关系，宏观的保障机制是微观的保障机制的前提、基石和依据，也就说没有从中央到地方党委组织、政府机构、教育职能部门提供的保障，就没有了微观的学生思想政治教育保障机制；微观的保障机制是宏观的保障机制的扩展和衍生，没有微观的保障机制，宏观的保障机制就不能够得到落实，所以二者的重要程度是同等的，只有不断地建设好、维护好、发展好学生思想政治教育的宏观和微观保障机制，才能使整体的学生思想政治教育保障机制的功能得到最大化的施展。

（四） 厘清物质保障与精神保障的关系

物质和精神是从根本属性上区分和辨别学生思想政治教育保障机制的主要内容。

所谓物质保障指的是为学生思想道德教育等提供人、财、物等客观物质资源的总括，比如学生思想政治教育的组织保障、经费保障、物质保障、人力资源保障等，它们是学生思想政治教育保障机制协调运作的基础和前提。

所谓精神保障指的是意识形态范畴的思想、理念、观念等主观精神资源的总括，比如学生政治道德教育的思想保障、理念保障、价值观念保障等，精神保障是学生思想政治教育保障机制顺利运转的引导和指示。

校园的物质保障和精神保障是相互促进、互为补充的两个部分，在思想政治教育保障机制的构建和运行中，切勿偏废其中一个，物质保障和精神保障都要扩充和发展，才能够使得机制运行得到整体效能的提高。

四、调和力量，凝聚正向合力

学生思想政治工作是一项兼具管理与教育的活动。为了实现其和谐运转，必须在符合时代潮流的教育理念指导下，积极落实思想政治教育的各项政策和制度，形成一套科学、合理、高效率的学生思想政治教育机制。这个机制由多个子机制的有机构成和系统配置，即包括动力机制、调控机制、保障机制、评估机制四个方面，只有将各个子机制有机关联和统一起来，形成正向合力，才能促进学生思想政治教育保障机制发挥更有效的作用。

（一） 明晰学生思想政治教育保障机制的存在价值

牵一发而动全身，讲的是部分与整体的关系。马克思主义的辩证唯物主义认为部分与整体是辩证统一关系，整体功能大于部分功能的简单相加。也就是说一个人再聪明，也不过整个人类的智慧，整个人类的智慧处于主导地位，个体智慧服务于整体的人类智慧；而整个人类的智慧却是由个体智慧构成，离开个体智慧，整个人类的智慧也就不复存在，尤其要注意突出的、非凡的个人智慧对人类、对世界的影响意义是非常重大的。

保障机制作为思想政治教育机制的一分子，二者也是部分与整体的辩证统一的关系。为了可以推动学生思想政治教育保障机制的高效运作，我们必须找准其在整体学生思想政治教育机制中的合理定位和具体功用，从而找到其存续的价值和意义。首先，学生思想政治教育机制主导着其内部保障机制的发展，其整体机制状态的良好运行，有利于促进保障机制的成熟和完善；其次，保障机制又是学生思想政治教育机制必不可少的一部分，没有高校的思想观念、组织领导、经费物质等保障手段和措施，学生思想政治教育整体机制就有了短板和缺口，不利于学生思想教育、政治教育工作等的良好开展。因此，须具有大局意识，才能正确看待保障机制在整体机制结构和运行中的位置，同时，也要有局部观念，不断调整和完善保障机制，使得学生思想政治教育机制的整体效能呈现最佳状态。

（二）推动学生思想政治教育工作机制的有效运行

保障机制与动力机制、控制机制、评估机制共同构成学生思想政治教育工作机制。对于如何推进学生思想政治教育的整体机制和各个子机制之间运转有序的问题，只有将保障机制、动力机制、控制机制、评估机制有机统一起来，使得各个子机制之间能够相互关联、通力配合，才能发挥效力。即学生思想政治教育工作机制的整个过程，由思想政治教育目标要素开始，由动力机制提供启动功能，由控制机制进行约束、纠偏，由保障机制提供条件，由评价机制进行效果反馈。这四个有机组成部分朝着共同的目标发展，形成一股强大的正向合力，充分进行资源整合，直接为高校各教育主体和力量的工作服务，确保思想教育工作机制的整体有效运转。

五、更新技术，形成有效助力

（一）促进网络信息监控

第一，提高网络安全检查技术，加强对校园网入口处的安全保护。①在入网之初运用技术手段，对消极信息内容进行围追堵截，这就相当于设立了第一道信息拦截屏障；②开发适合网络发展需要的安全检查软件，运用下载功能，在手机、电脑里装上安全检查软件的客户端，对网络信息进行有效监控，防止来自黑客的恶意攻击，阻止钓鱼网站的欺诈行为，遏制电脑病毒的感染，对不良信息进行有效甄别；③开发具有屏蔽过滤、监视记录网址等功能的软件，可以有效保护学生避免遭受来自恶意网站以及有害信息内容的侵害；④网络管理者要时刻关注网络传播的信息，及时高效的过滤旧的、虚假信息，拦截和删除垃圾信息、非法信息以及控制不良信息的传播。

第二，提高网络防御攻击技术，加强对校园网出口处的有效保护。①通过对大学校园网的出口进行防火墙设置，可以减少危险，有效提高校园网的安全等级，增强校园网防御攻击和破坏的能力；②在校园网的工作后台添加相关的软件，在校园网的出口处将危险性质站点屏蔽掉；③通过防火墙的安全规则设置将一些恶意、危险软件等禁用；④政府部门要不断地构建和完善权威安全网站，如同在现实中一样，组织和构建网上信息海关，利用国家安全级别的互联网过滤器拦截来自国内外的各种有害信息，以此达到净化网络空间的效果。

（二）推动网络资源共享

网络技术的发展，给了人们更加广阔的信息交流空间，它突破了人们通过传统的电视、报刊、杂志等媒介平台获得消息的局限，以更为先进的技术手段将整个世界紧密地联系在一起，人们可以通过网络平台，接触到来自不同国家、地区、人群的多元文化世界，人类的优秀文明在一个比以往更广大的空间里积累和传播。就学生思想政治教育而言，凭借网络技术，不同高校、学生群体都可以通过优秀教育资源，实现共同的学习，共同的进步。此外，学生通过越来越发达的网络交流技术，既充分发表个人的思想见解，又有效吸收大师们的学术观点，并且突破传统的单向交流的局限，形成当下的双向交流、多向互动的局面，使得教育者与受教育者互相感染和互相帮助，共同进步和成长。因此，要努力发展网络技术，为学生思想政治教育创造更多的保障要素，实现高校德育工作的繁荣发展。

第三节　思想政治教育评价机制及其完善对策

科学、合理的评价机制关乎教育发展，探求创立科学、合理的评价机制是提高教育水平的关键。要创新、完善评价机制，改变评价制约、误导教育局面，构建评价促进、引导教育格局，提高教育评价的科学性、准确性、公正性、合理性、全面性与可持续性，增强教育评价的说服力、可信力与引导力，全面实现教育评价功能，激发教育者教育潜能与提高学生学习热情，为提升教育效果提供保障。

一、思想政治教育评价机制及其作用

教育评价是有关评价主体按照既定标准对教育的内容、方法、过程和效果进行的价值衡量。评价机制是以教育评价为中心的系统化、动态化的评价体系，是评价主体依据一定指标，对教育内容、手段、方式、方法、载体、环境、组织和管理诸要素及过程、效果进行评价的动态体系和运行机制。

评价机制是教育的有机构成部分，具有检查、考量、引导、调整、激励、整合、协同、促进和发展功能，以科学性、实效性、目标性为评价导向，坚持学生为本、客观真实、全面系统、持之以恒和灵活机动的原则。科学的评价机制应该是理论联系实际，"知、情、意、行连续统一的、内化与外化循环往复的。既评价结果，也评价过程，既评价主体，也评价客体，动员、协调思想政治教育各因素、环节和力量，推动思想政治教育科学发展。回应时代诉求，探索建立比较科学、规范与完善的高校思想政治教育评价机制，对于提高教育评价效果，实现教育评价促进、指导教育，提升教育质量价值极大。

当前，我国思想政治教育评价机制地位日益明确，功能日益发挥，内容日益丰富，范围日益拓展，网络媒体评价机制初步开展，评价机制实践模式基本形成。完善评价机制，可以提高教育评价的科学性、准确性、公正性、合理性、全面性与可持续性，增强教育评价的说服力、可信力与引导力，以真正实现评价功能，为提升教育效果与质量提供动力支持与机制保障。

二、思想政治教育评价机制的完善优化

新形势下思想政治教育面对新情况、新问题，必须改革创新、拓宽眼界、动态体察，形成一套行之有效的科学思路、评价机制和运作方法。探索与思想政治教育发展规律相适应的教育评价机制，需要在教育评价体系设计、教育评价量化比例确定、教育评价方式选择等方面认真思考，提出有效对策。

（一）创新评价体系

建构立体、开放、可持续的教育评价体系，将统筹内外和总揽上下相结合。思想政治教育主体是宣传、组织、学工、团委等部门人员以及思想政治理论课教师、辅导员等。这些主体同时也是评价主体，这就导致"自评价"现象。要创新评价主体，发展多元主体，实现主体交叉。评价应该是校内校外、自评他评相结合。教育评价主体多元，即自我、学生、同行、专家、督导、领导、上级、媒体、中介评价。互动循环路线是：上级教育部门评价高校；高校领导评价相关部门；相关部门、同行、督导、专家评价教师；教师评价学生；同时学生进行自评。教育评价体系有自我评价、学校评价及社会评价体系三部分。内外互动，多元参与。在上下结合中，要提倡外部力量介入，引入第三方评价机构，提高评价信度与效度。

思想政治教育过程的客观、多样、开放性及结果的长效、复杂、稳定性，决定了评价主体多元化、评价方式综合化及评价监控目标化。评价机制模式应以"三个结合"为主，即内容的绝对性和相对性、指标的静态性和动态性、方法的质性和量性的结合。

（二）优化量化体系

科学确定评价量化比例。正确处理组织和个人、同行和学生、学部和督导、专家与领

导、单位与上级、业内与社会、即时与延期评价的关系，纠正轻同行评价，重学生评价；轻学部评价、重督导评价；轻延期评价、重即时评价的状况，真正重视同行评价、学部评价、延期评价，淡化学生评价、即时评价，更加注重教育者的教育态度与教育质量而不单纯是教育表象，建立科学合理的教育评价量化比例体系。就学校而言，要把单位自评与上级（专家）评价、社会评价结合起来，尊重学校主体价值，倾听外部监督声音；就思想政治课教师而言，要把个人自评与同行（专家）评价、学部（领导）评价、督导评价、学生评价结合起来，再充分相信教师、凸显同行（专家）评价、学部（领导）评价同时，兼顾督导评价与学生评价，不能把学生评价当成唯一标准（学生公正评价有个过程）；就学生而言，要把学生自评与领导评价、教师评价、同学评价结合起来，激发学生主动性、发挥领导指导、教师主导作用。

系统考虑，解放教育主体，形成内外上下互动，以同行评价、学部评价为主，学生评价为辅的评价格局，改变评价不真实、不公正、不合理、不全面、不科学的现象，建立公正、合理、可持续，能够激发正能量，调动教育者教育积极性的教育评价量化比例体系。

（三）转变评价理念

发展要有动力、目标、策略。评价要有利于帮助学生乐观自信，厚积动力；扩大潜能，坚定目标；主动探索，确定策略。在功能选择时必须先树立起发展的思想理念，重视发展功能，促进评价对象持续、健康和全面发展。评价要彰显人格。摒弃知识本位，确立人格本位，着力培养学生完美人格，形成健康人格，追求高尚人格，养成奉献人格、独立人格、开放人格和创新性人格。人格包括智慧、道德和审美特性三个方面。

评价要定性与定量一体分析，表达科学与利用合理结合处理。教育评价考量、制约、导向功能的发挥，最终都要通过评价结果体现出来。现在，形成性评价应用较多，而动态性评价应用较少。为了评价结果客观体现，评价表达应从形成结论性评价调整为动态过程性评价，着重表现评价的指导性，从而推动教育的发展。要创新评价手段，突破传统模式，继承实效方法，探索新颖方法。评价方式要尊重教育、教学规律与学生特点。评价标准只是参考不是一成不变的依据。

（四）整合评价内容

社会变迁，评价内容应该系统整合。评价涉及领导体制、队伍与课程建设；日常工作、社会实践与校园文化建设；制度建设、投入及总体效果。教育目标包括知识获取、情感归属、意志养成和行为习得。这种知、情、意和行的目标体系是整合评价内容的一个基本标准。评价教育的效果如何，就是要看学生在知识上是否掌握思想政治基本理论，在情感上是否热爱祖国，在意志品质上是否有信仰道德，在行为上能否适应社会，完成文化传承。评价内容多姿多彩，评价机制应简约、系统。

（五）健全评价制度

思想政治教育评价机制需要制度保障。缺乏制度保障，评价机制功能就难以发挥。评价机制有效运转，至少应健全两个层面的制度。

第一，周期性评价制度。教育评价是教育之关键。建立周期性评价制度，定期考量思想政治教育发展应该常态化。一方面，教育对象学生群体特征不断变化，要求教育方法和内容不断更新，评价活动必须与时俱进。要以增强感染力为导向，推进教学改革。吸引学生积极、主动地融入思想政治理论教育；另一方面，教育评价目标与教育目标相一致。这是一个"评价—发现、解决问题—再评价"并最终实现目标的过程。需要评价主体定期进行评价，引导、促进思想政治教育的发展。评价周期化保证监督经常化。

第二，全程性监控制度。评价机制运行需要监控制度完善。一方面，事中监督，看学校是否切实根据上级规定，根据一定评价标准，做到了客观、公平、公正评价；另一方面，事后监督，评价活动之后，梳理发现的问题，评价主体及时帮助教育主体纠正，并进行监督。

（六）更新评价技术

科技进步引领评价技术与时俱进。如进行网上教育评价，构建网上评价系统，借助网络采集和归纳数据并实行定量定性分析描述。要积极开发相关的评价软件系统，进行随时分类调查，对教育主、客、环、介体等跟踪分析。实现系统、动态、即时、公平和高效评价。

第八章 互联网时代思想政治教育机制的创新

第一节 大数据时代思想政治教育的联动机制

一、大数据对思想政治教育的影响

大数据时代，即运用相关数据能力，服务于人们工作、学习和生活的方方面面、各个领域的时代。相较于以前的媒体时代、网络时代，大数据时代更加强调数据对于国家、社会和公民个人的巨大影响力。

"大数据时代，发掘海量数据能够掌握用户的行为习惯，精准了解用户以创造更大的使用价值，各行各业都在探索大数据技术的应用"。[①] 大数据实现思想政治教育的新发展。首先，通过大数据的"大"和"多"，收集学生日常生活、工作和学习的方方面面的数据，了解学生的最新思想动态和学习偏好等方面的具体情况，然后"对症下药"，制定符合学生需求的教育方法、方案，对学生进行有针对性的教育和引导。其次，大数据的"快"，可以让我们及时获取学生在行为方式、思想观念等方面的新变化，一定程度弥合老师与学生之间的"代沟"，改善以往思想政治教育存在的信息不对称的问题。最后，大数据除了收集、存储和分析的能力之外，还具有强大的预测功能。通过构建模型，分析数据的未来走势是大数据最为重要和核心的功能。

通过对学生思想动态和学习偏好进行及时、有效地掌控，预测学生未来的思想走势和学习偏好，改变滞后的教育方式，制定满足学生发展新需求和时代发展新要求的教材体系，提高思想政治教育的准度和效能。

二、大数据时代思想政治教育联动机制的原理体系

大数据时代思想政治教育联动机制，指的是在大数据时代背景下，高校在开展思想政

---

① 王伟. 大数据背景下高校思想政治教育创新研究 [J]. 大学，2023（21）：41.

治教育的过程中，为构建"三全育人"新格局，合理运用大数据技术，深度挖掘思想政治教育系统内部各要素之间的联动机理，实现系统内部各子系统之间、各要素之间以及系统与外部大环境之间联合行动的一系列运作方式，包含着实现思想政治教育系统各要素之间的相互制约、相互影响、协同配合而架构起来的一系列工作方式、机制和体系。

（一）大数据时代思想政治教育联动机制的构成

大数据时代思想政治教育联动机制的基本内容是由思想政治教育机制的基本要素决定的，联动机制的构建就是运用大数据技术的特点和优势，通过一系列行之有效的手段，实现思想政治教育系统内的多要素之间的联合行动。

第一，教育主体方面的联动。教育主体在思想政治教育中稳居"C位"，对于教育实效性的提升起着举足轻重的作用。要实现教育主体之间的联动，就需要拉近教育主体之间的距离，提高主体联动意识，形成育人合力。因此，在教育主体的联动方面，队伍联动机制和沟通机制的构建是关键。

第二，教育客体方面的联动。教育客体不仅包含传统意义上的学生，教师的继续教育也让他们转化为教育客体。要实现教育传统客体之间的联动，就需要满足他们的成长需求，激发他们的学习主动性。要实现教师客体的联动，就需要满足他们的教学需求，保障他们的深造需求，激发他们的职责使命感。因此，在教育客体的联动方面，构建激励机制、保障机制是重点。

第三，教育介体方面的联动。教育介体是有效连接教育主、客体的"桥梁"，即：教育内容、方式、手段等。教育内容主要体现在教材和课程之中，构建一套科学合理、运行有效的课程体系，是保证思想政治教育实效性的重要一环。因此，在教育介体的联动方面，内容协同机制的构建是重点。

第四，教育环体方面的机制构建。教育环体，就是指教育的环境。思想政治教育的教育环体不仅包含着家庭、学校、社会，还包含着象征新时代特色的互联网络。

互联网络连接着家庭、学校和社会，是高校开展思想政治教育的全新平台，对大学生思想道德修养的形成具有极大的影响。要实现教育环体之间的联动，互联网络是关键。大数据作为网络时代的最新代名词，给思想政治教育带来了全新的改革思路。构建一套运行高效的联动机制，平台联动是应有之义。

（二）大数据时代思想政治教育联动机制的运行

大数据时代思想政治教育联动机制，是立体的，而不是扁平的。包含横纵双向联动、内部联动、内外联动、线上与线下联动。

首先，横向联动和纵向联动。横向联动是同一水平的联动，纵向联动是不同层级之间的联动。就教育主体而言，横向联动是同一级别的教育者、管理者和服务者之间的协同配合；纵向联动是不同级别之间，即校、院、系、班四级别的教育者、管理者和服务者之间的工作协同。就教育客体而言，横向联动是同一学历的学生之间的沟通互动，纵向联动是不同学历的学生之间的相互学习。就教育介体而言，横向联动是同一教学阶段中各个课程之间的相互契合，纵向联动是各个教学阶段课程内容的循序渐进。就教育环体而言，联动是纵向的，即：学校教育与网络环境之间的联动。横向联动和纵向联动之间不是独立的，而是相辅相成的，一方联动的变化、发展必然导致另一方随之变化、发展。

其次，内部联动和内外联动。内部联动指的是教育主体、客体和介体之间及教育主体、客体和介体内部各要素之间的联动。内外联动指的是教育系统内部要素与外部社会大环境之间的相互配合，即家庭与学校之间、学校与社会之间、学校与网络之间的联动。在大数据时代的今天，思想政治教育迎来了新的发展契机，必然地，受大数据技术的影响也是空前巨大的。大数据技术不仅影响着思想政治教育的内外互动，还深刻影响着思想政治教育内部四要素之间的联动效果。合理运用大数据的"大、快、准"来实现思想政治教育的"大、全、精"。

最后，线上和线下联动。线下教育必不可少，线上教育不可或缺，实现思想政治教育的线上、线下联动是势在必行的。网络不断发展，大数据技术日益精进，给思想政治教育提供了全新的育人空间和载体，联动机制的构建要牢牢把握网络育人阵地，善用、精用大数据技术，实现线上教育与线下教育的和谐统一。

（三）大数据时代思想政治教育联动机制的特征

第一，时代性。任何事物都是时代特有的产物，联动机制也不例外。大数据时代，教育队伍初步形成、教育数据日新月异、教育资源层出不穷、网络教育平台逐渐崭露头角，如何实现协同育人，是思想政治教育改革的"彼岸"。大数据时代思想政治教育联动机制的构建，正是为了对这一难题进行破解，其构建必然要顺应大数据时代潮流，因而具有时代性。

第二，系统性。思想政治教育是一个由多元主体、多个环节、多个领域汇集而成的有机整体，必须把它看作一个系统进行研究。思想政治教育联动机制作为思想政治教育内部的一个子系统，是以育人方针为指引，以育人质量提升为重点，以国之栋梁培养为目的的统一体，具有系统性。

第三，开放性。大数据时代，数据是开放的，思维是开放的，身处其中的思想政治教育是开放的。机制的构建不是一成不变的，它需要根据内部要素的变化而变化，以此保证机制的平稳运行，因而，思想政治教育联动机制具有开放性。

（四）大数据时代思想政治教育联动机制的目标

1. 落实立德树人根本任务

新时代的教育，搭乘着互联网、人工智能、大数据技术的"便车"，新技术给思想政治教育带来了许多的便利，提供了许多新机遇。机遇与挑战往往是共生的。新技术的日新月异，使得数量庞大、种类繁杂、好坏不一的信息充斥于网络之中，这些信息以不可阻挡之势冲击着大学生的一思一想，影响着大学生的一言一行。

多元化的网络思想潮流，席卷大学生的头脑，阻碍着主流思想和社会主义核心价值观的塑造作用。因此，学校应牢牢把握时代命题，严守关键阵地，坚持以学生为本，以马克思主义为"导"。构建理念联动机制，需要保证各部门各项工作的同向同行，为落实"立德树人"统一育人步调。构建队伍联动机制，需要促使各类育人主体"各司其职"，坚定自身使命感和责任感，为落实"立德树人"提供榜样示范作用。构建内容联动机制，需要确保马克思主义在思想政治教育中的核心地位，为落实"立德树人"提供理论保障。构建载体联动机制，需要补齐思想政治教育短板，为落实"立德树人"提供良好教学环境。

2. 构建"三全育人"教育格局

"三全育人"强调育人主体、时间、空间的全覆盖。思想政治教育是一个开放的系统，开放的系统预示着育人主体的广泛性。思想政治教育主体可以划分为领导型主体、主动型主体和被动型主体。领导型主体发挥领导、组织作用，主动型主体发挥实施、指导的职能，被动型主体发挥接受、创造的作用。构建主体联动机制，充分发挥各类主体的职能作用，为高校贯彻"三全育人"教育方针提供主体性保障。

"课程思想政治"建设是贯彻"全员育人"理念的关键举措，是实现思想政治教育全程育人的必有之策。构建内容联动机制，把思想政治理论课和其他专业课课程有效联动起来，充分发挥课程育人的实效性，为高校贯彻"三全育人"教育方针提供制度性保障。大数据时代的思想政治教育空间是宽广的，校内外、课堂内外、线上线下，思想政治教育可谓是遍地开花。网络是新载体，网络化是新特征。构建全方位联动机制，实现思想政治教育资源的统筹运用和教育内容的有效互补，为高校构建"三全育人"教育新格局提供机制支撑。

3. 推动思想政治教育纵深发展

思想政治教育的发展，是指思想政治教育在价值、目标、内容、任务、方法、载体、模式等方面不断改进的过程。思想政治教育发展具有时代性、过程性、社会性、系统性、建构性这五大特征。大数据时代思想政治教育联动机制的构建，通过契合思想政治教育发展的五大特征，进而实现教育的发展。

（1）时代性。思想政治教育联动机制的建构源于大数据时代，扎根于大数据时代，以时代新发展为构建契机。联动机制的构建，目的在于跟随时代潮流，实现思想政治教育的纵深发展。

（2）过程性。思想政治教育对人的影响是润物无声的，教育成效的反馈是十分漫长的，这就意味着思想政治教育发展需要长时间的沉淀。联动机制的构建涉及思想政治教育的各个主体、各个环节和全部领域，机制的形成、发展和完善需要一个漫长的过程，不是一蹴而就的。

（3）社会性。思想政治教育发展既有国家价值、个人价值，也有社会价值。联动机制的构建不仅包含着高校，还包含着整个社会。例如：思想政治教育联动的主体，在中观层面上，就是整个社会。平台的联动不可避免地涉及社会这个固有平台。

（4）系统性。思想政治教育发展的系统性主要指的是思想政治教育所呈现出来的整体性特征。为了契合思想政治教育发展的系统性，就要把思想政治教育联动机制构建成一个有机的统一整体。通过理念、主体、内容、载体等方面的协同，把思想政治教育融合为一个有序的、开放的有机体。

（5）建构性。思想政治教育发展的建构性指的是积极的建构，而不是无为性建构、破坏性建构。思想政治教育联动机制的构建，旨在提升思想政治教育的整体性和协同性，是在时代发展新脉络中，为了促进思想政治教育的发展而进行的一种积极实践。

4. 培养全面发展的时代新人

马克思主义的一切理论，说到底就是实现每个人自由而全面的发展，思想政治教育的最终目标与马克思主义的价值选择高度契合。学生的全面发展，既需要专业课教育的显性影响，也需要思想政治教育提供"潜移默化"的隐性影响。就思想政治教育的内容来看，教材内容的构成与学生全面发展要求高度契合。构建内容联动机制，旨在增强内容的相关性，发挥思想政治教育内容育人实效。

思想政治教育要实现人的全面发展，需要实现自身的发展。通过自我发展，使思想政治教育沿着时代化、创新化、科学化的道路大步迈进。联动机制的构建，就是要朝着时代化、创新化、科学化的方向迈进。大数据技术以其对庞大数据的收集、存储、分析和相关性预测的功能，有效提升思想政治教育的科学性。大数据技术是 21 世纪最鲜明的时代印记之一，是新时代思想政治教育必须牢牢把握的时代命题。联动机制的构建，要紧紧围绕大数据技术这个时代命题，不仅要在载体联动机制的构建中普及大数据技术，而且要在理念、主体、内容等联动机制的构建中引入大数据技术，使大数据技术全方位贯穿于联动机制的构建。思想政治教育联动机制的构建，以协同育人为蓝本，引入联系观、系统论等思想，旨在创新思想政治教育的机制体系。

（五）大数据时代思想政治教育联动机制的价值

1. 提升思想政治教育资源的共享性

大数据时代思想政治教育联动机制的构建，给资源共享带来了新机遇。

（1）丰富资源共享的内容。大数据技术具有收集，储存海量数据的功能。通过大数据技术与互联网之间的耦合，有效联合校内外、课堂内外、线上线下的数据教育资源，丰富思想政治教育资源共享的内容。同时，大数据技术的应用，伴随着网络、人工智能等新兴技术的引入。这些新技术的引入，拓展了教育空间，革新了教学模式，提供了共享平台。此外，思想政治教育联动机制系统内的内容联动、主体联动等子系统的高效运行都离不开教育资源的共享问题。思想政治教育联动机制的构建，为丰富教育资源共享的内容提供了必要性。

（2）提高资源共享的速度。大数据技术的特征之一，就是数据处理速度快。大数据技术的引入，能够提高思想政治教育相关数据的处理速度，加快这些数据在各类教育主体之间的共享速度。主体联动机制的构建，清除了思想政治教育主体之间的交流屏障；内容联动机制的构建，为思想政治教育资源之间的协同创造条件。

（3）提升资源共享的价值。大数据技术使得不同国家、不同地区、不同高校的思想政治教育资源的整合、联动、共享成为可能。大数据具有关联性分析、预测的功能，通过对学生日常生活和学习的相关数据进行关联分析，预测学生未来的思想变化方向和学习偏好，以此作为配置教育资源的重要依据。资源联动机制的构建，为资源的共享提供了机制保障作用。构建资源联动机制，有利于提升思想政治教育资源配置的科学性和合理性，为提高资源共享的价值提供无限可能。

2. 增强思想政治教育理念的协同性

思想政治教育理念是对教育目的、原则、本质、任务、规律等内容的一般性概括和整体性审视。思想政治教育的创新发展，理念革新十分重要。

（1）以"课程"促"协同"。思想政治教育的课程教学不仅仅局限于思想政治理论课之中，还应落实到每一门专业课课程之中，"课程思想政治"建设确有必要。在主体联动机制中，教师队伍的构建，为"思想政治课程"和"课程思想政治"的相辅相成提供了人员保障。在内容协同机制中，基于教育新变化，制定符合时代要求的课程内容，实现课程内容的全方位协调联动。内容协同、主体联动机制的构建，促成教育合力，提高了教育理念的协同性。

（2）以"共性"促"协同"。思想政治教育系统涉及面广，庞大且繁杂。系统中的各个主体有自己"和而不同"的目标导向，主体基于自身目标的不同，就可能导致"各自为政"的混乱局面，成为协同育人目标实现的"绊脚石"。联动机制就是要寻找共性，促成合力，开创协同育人新局面。

（3）以"机制"促"协同"。联动机制，涉及要素、机理、运作、保障、动力等方面的内容，机制的构建随"三全育人"格局的形成"马首是瞻"，与思想政治教育理念相契合。在联动机制中，四要素、四大机制之间的互相配合、相互协同，提升了思想政治教育的协同性。

3. 加强思想政治教育内容的衔接性

思想政治教育内容，就是传输给学生的思想观念、政治观点和道德规范等信息。思想政治教育内容的选择，需要进行有层次、有重点、整体性的规划。

（1）以"预见"促"衔接"。思想政治教育的教育对象分为不同的学历层次，思想政治教育的教学内容就有所不同。大数据技术可以全方位地收集学生数据，并以此分析、预测学生的思想动态和学习偏好。借助大数据的分析、预测功能，先见性地制定符合学生思想需求的教育内容，从而提升教育内容的衔接性。

（2）以"协同"促"衔接"。党中央、教育部、有关机构是思想政治教育的领军者，思想政治教育的内容是由他们共同决定的。联动机制的构建，有利于形成管理协同、主体协同格局，改变了教育领导、管理、监督等部门之间"各自为政"的局面，为思想政治教育内容的衔接性创造条件。思想政治理论课教师是思想政治教育的主导者，教育内容是否具有衔接性，教师是重点。联动机制的构建，打破了各教学阶段教师"各行其是"的僵局，形成了主体协同新格局，促进了思想政治理论课教师之间的交流协作，从而提升了教育内容的衔接性。

（3）以"联动"促"衔接"。思想政治教育内容以教材内容为根基，教材内容的衔接性既包含着各教学阶段的纵向衔接，也包含着各课程之间的横向衔接。思想政治教育主体联动机制的构建，能够满足教育内容的纵向衔接，内容联动机制的构建能够满足教育内容的横向链接。通过"联动"，实现纵向衔接和横向衔接双向发力，从而提升思想政治教育内容的衔接性。

4. 突出思想政治教育方式的创新性

科学技术是创新发展的重要引擎，大数据为思想政治教育革新提供了指引。

（1）大数据为思想政治教育革新提供了新载体。①大数据改变了教师单方面主导课堂的局面。传统教育方法是单向的、灌输式的，这种教育方式虽然可以促进学生对知识的掌握，但不利于调动学生的主体性。大数据技术打破了思想政治传统教育方式的桎梏，为教师转变教育方式提供了契机。教师运用大数据技术收集、整理学生生活中的方方面面的数据，准确把握学生的思想动态和学习偏好，改变以往的教育方式，进行有针对性的教学。②大数据技术给学习带来了便利。大数据时代，学生通过网络汲取自身学习所需的这样和那样的知识。层出不穷的学习软件，日新月异的学习数据，革新了学习方式，促进了思想政治教育方式的创新性。③大数据的运用，丰富了思想政治教育网络教学的方式。大数据技术日益发达，翻转课堂、慕课、云班课等教育平台不断涌现，延伸了教育空间，改变了传统课堂教学的僵局，提高了学习热情，提升了育人实效。

（2）大数据为思想政治教育革新延长了时效性。教育方式是否有效，取决于对学生思想动态的把握程度。多个主体、多个领域、多个环节，就意味着所涉及教育数据的庞大、繁杂。以往的数据收集、储存、分析，意味着大量人力、物力、财力的投入，意味着漫长的时间投入，这就导致了思想政治教育忽视数据重要性的现状。大数据技术的出现，彻底改变了这一现状。通过大数据挖掘，及时地收集学生学习、生活等方面的信息，准确把握学生的思维动态。透过这些及时的数据，找到思想政治教育现存教学方式不能满足学生学习需求的"症结"何在，然后按需供应。

（3）大数据技术为思想政治教育方式创新提供了新思路。中国的教育未来，在于智能。智能教育给思想政治教育方式的创新提供了新启示。智能教育就是一种教师教学、学生学习、高校管理的数字化教育方式。大数据技术的广泛应用，是实现智能教育的必然选择。思想政治教育联动机制正是在大数据的指引下进行的一种思想政治教育方式的创新。思想政治教育联动机制的构建，正是基于大数据技术在教学、学习、管理、服务方面的强大功能。教学数字化，为教师队伍的联动提供了可能性；学习数字化，为学生主体的联动提供了可能性；管理数字化为管理队伍的联动提供了可能性。

三、大数据时代思想政治教育联动机制的构建路径

(一) 构建以"全员育人"为导向的校内工作队伍

构建一支"有所为"的工作队伍,是联动机制建设的头等大事。联动机制育人目标的实现,不仅需要调动理论课教师和学生辅导员的工作主动性,而且需要高校党委班子、图书馆、管理部门、后勤服务部门、心理咨询中心工作人员联合行动、各司其职、齐心协力、同向同行,形成全员育人的教育新格局。大数据技术的广泛应用,为思想政治教育工作者之间的有效沟通和协调配合提供了可能和契机,为思想政治教育工作队伍的构建提供了技术支持和联动智慧。

1. 领导班子队伍建设

高校党委班子是思想政治教育的掌舵者,高校的宏观战略和顶层设计都是由他们制定、执行的。在大数据技术的支持下,高校党委班子得以转变原有的、传统的、不合理的思维模式和工作方式、决策办法,善于运用大数据思维、联动思维、协作思维来完成工作。

高校党委班子运用大数据思维进行顶层设计、谋篇布局,提高决策的科学性和合理性;运用联动思维进行院校两级领导班子的交流、沟通,加强领导集团内部工作互通性、政策协同性;运用协作思维厘清工作的疑点、重点和难点,提升教育的针对性。高校党委班子的工作联动主要从横、纵向两方面入手:

一方面,运用可视化、精准化的大数据技术对教育工作者数据进行收集、建模、分析、预测,厘清思想政治教育教学、管理、服务各个过程中出现的大小问题,针对各自的问题进行精准、及时、合理的指导、设计、规划、管理,实现思想政治教育的教学部门、管理部门、服务部门之间的横向联动。

另一方面,思想政治教育工作体系涉及学校、学院、班级三个层面,而高校党委班子属于领导层,校级、院级、班级三级思想政治教育工作队伍之间的沟通、协调,需要高校党委班子来完成。利用大数据平台,高校党委班子可以就决策部署、制度实施、组织架构等工作进行民意调研,收集、分析各项数据,搞清楚不同层级教育工作者的真正诉求,有针对、有重点、有区别地进行统筹规划、决策部署和制度安排,提升领导的科学性、合理性、有效性。

2. 课内教师队伍建设

教育千万事,教师放首位。培养一支政治过关、业务过关、品德过关的教师队伍,让

思想政治理论课教师成为讲好中国故事、讲透马克思主义、讲明白中国特色社会主义的中坚力量，把成为"人师"作为人生奋斗的终点。利用大数据技术，对思想政治理论课教师的知识水平、学习偏好、教学方式、性格特点、生活方式等数据进行收集、整理、分析和评估，构建教师大数据库，为每一位思想政治理论课教师量身打造契合自身特点的培养方式，从而提高培养、培训的针对性和实效性。

3. 服务人员队伍建设

思想政治教育以服务学生为己任，这不仅是理论课教师的事，更是广大教育服务者的事。打造一支"以学生之忧为忧，以学生之乐为乐"的服务人员队伍，是提升大学生的校园生活幸福感、营造全员育人新格局的重要课题。服务人员队伍包含辅导员、后勤人员、图书馆工作人员、心理咨询中心工作人员，他们的服务水平关乎学生校园生活的质量、思想政治教育的"温度"、全员育人方针的贯彻落实。服务人员在联动机制的引领下，分工协作，井然有序地收集大学生校园生活中的各项数据，例如，外出请假、饭卡消费、图书借阅、门禁打卡、校园监控、心理咨询等等，形成囊括大学生工作、学习、生活、社交的全面、立体、可视化数据和图象，为思想政治理论课教师提供学生个性化样本，以便进行有针对性的思想政治教育。

（二）构建以"大思想政治课"为遵循的校外联动队伍

"大思想政治课"理念强调"社会即课堂"，重视校外教育主体对于提升思想政治教育实效性、构筑协同育人新格局的作用。系统的高效运作，离不开系统所处的社会大环境的协调配合、同向发力。大数据时代思想政治教育是一个复杂的开放系统，它的高效运作离不开系统内部诸要素之间的有序配合，也离不开社会大环境这一重要抓手。思想政治教育是沁人心脾、春风化雨的教育，不是简单的课堂教学就能完成的，需要多方齐心协力，形成强劲的教育合力。教育系统的开放性，决定了社会大环境参与其中的必然性。联动机制的构建，不仅需要构建一支"有为、能为、敢为"的校外工作队伍来实现校内教育主体之间的联动，也需要组建一支"有配合、有温度、有意思"的校内工作队伍来实现校外教育主体之间的联动配合。

1. 家校联动

提升教育实效性，首先需要提高教育的针对性。每个大学生都是个性鲜明、独一无二的个体，只有充分地了解学生，才能更好地教育学生。相较于教师而言，家长更为了解学生的性格特点、生活方式、思维模式、学习偏好，增强学校与家长之间的交流互动，是十分必要的。大数据技术的引入，为家校联动机制的构建提供了新契机。大数据技术打破了家校之间的时空界限，大数据平台的搭建，让学校和家长之间的沟通变得畅通无阻。家校联动，其结果是双赢的，一方面学校更加了解学生的性格特点、生活方式，为个性化教育提供蓝本，另一方面家长得以了解学生的学习成绩、校园生活、在校表现，为家庭教育提供依据。

2. 校企联动

青年是祖国的未来、民族的希望，对他们进行一系列的思想政治教育，最终是为了培养他们德智体美劳全面发展的能力，更有底气、更有能力地投身于社会之中。大学生完成学业之后，就业是他们成长成才的必经之路。劳动教育关系接班人的劳动精神风貌、劳动价值取向、劳动技能水准，是思想政治教育的重要内容。劳动教育的内容必须与社会市场需求相适应，才能发挥劳动教育的育人实效。校企联动，以校友企业为重要抓手。搭建校友交流平台，拉近高校与校友企业之间的距离；创办校友企业教育基金，加深校友企业与在校学生之间联系；筹办校友企业直通班，为企业量身打造高质量人才。校企联动，以学生假期为重要契机。高校可以充分利用寒暑假，开设夏令营、冬令营活动，让在校学生进入相关企业进行实习、实训，一方面能够提高大学生的实操能力、丰富大学生的工作经历，厘清职业规划；另一方面，又为企业输送一批又一批新鲜"血液"，为企业发展注入全新的动力。

第二节　新媒体时代思想政治教育的沟通机制

思想政治教育沟通机制是思想政治教育沟通各个组成要素的总和，它的整体功能与作用的发挥是各要素功能的综合，各个要素之间相互作用、相互影响，促使思想政治教育沟通作用发挥最大化。

一、新媒体时代思想政治教育沟通机制的特征

（一）动态性特征

"新媒体的普及与发展给思想政治教育工作带来了新的工具与方法，并在学生价值观

引领等方面发挥着不可替代的作用。"① 新媒体环境下，由于社会大环境的不断变化，思想政治教育沟通机制的各要素、组织形式、成员结构、预定目标和发展方向都会随之改变。因此，思想政治教育沟通机制需要具备自我调整和适应社会环境变化的能力，这是它适应社会发展的必然趋势。生命在于运动，任何机体的存在和发展都是矛盾双方相互作用的结果。因此，思想政治教育沟通机制在运行过程中也会受到矛盾双方的制约，形成一个复杂的关系网络。

思想政治教育是一门系统化理论化的教育学科，具有自我调节和自我升华的能力，同时也有自我约束能力。它不是独立存在的，而是根据社会环境的变化和内部因素的调整而不断发展变化，自我完善，以适应外部环境的变化，这一机制具有完整性和协调性。完整性意味着它是一个有机整体，各个因素之间相互协调、相互制约，共同服务于思想政治教育的有效开展，这是适应环境变化的必要前提。协调性和动态性是它的特点，各个要素之间具有相对独立性，但又相互联系相互制约，以共同完成特定目标。这些功能的发挥和运行需要在一定的客观条件下得到系统内部功能的保障，各要素之间需要协调相互制约，以实现共同的目标。

思想政治教育沟通机制必须遵循客观规律，不受个人意志的干扰。各要素和部门需要客观地发挥自身的功能，同时协调彼此之间的关系，以充分发挥各自的作用，实现共同的目标。

（二）渗透性特征

随着传统意义上的信息接受者成为新媒体中价值链的上游，媒体生态正在发生不断地改变。新媒体的特殊连接结构使人们能够以前所未有的方式传递信息。通过新媒体，人们可以将信息传递给特定的接收者，也可以分享信息源给网络上其他连接的人，实现了信息的广泛共享。

举例来说，人们可以在网络上接收来自世界各地的电子邮件，发布公告并公开消息，甚至通过网络召开会议，克服了空间和时间的限制，让人们获得了无时间和空间障碍的信息获取体验。网络上的信息以网状的方式流动，创造了经济便捷的网络生活环境，连接了互联网、数字网、无线移动网等各种网络，使原本昂贵或难以分享的信息可以共享给所有连接到网络媒介的人，从而让人们获得了更大的信息满足感，促进了他们积极参与教育。

随着网络技术的渗透，人们传递信息的过程变得更加简便，可以第一时间获取第一手

---

① 王彤. 高职院校思想政治教育中新媒体运用的实证探究［J］. 现代商贸工业，2022，43（14）：47.

信息资源。这也让人们的生活各个方面都在网络的影响下变得更加便利和快捷。

（三）交互性特征

新媒体的媒介作用为思想教育工作提供了新的机遇，使接受思想教育的人能够从被动学习转变为主动学习的态度。在网络上，文章的多层次性和资料的多样性使接受教育者能够在同一时间找到更多适合自己的内容。学生接受政治思想教育时，可以在网络媒介的帮助下轻松愉悦地自由选择浏览对象，并在丰富的媒体内容的吸引下，潜移默化地接受思想政治教育。在接受教育者传授知识的过程中，信息接受者拥有完全的主动权，可以自主选择是否浏览信息。除了自主性之外，接受者还能更加方便地参与信息反馈和信息处理，使他们积极参与互相交流，从而提高了教育质量。

（四）开放性特征

自中国加入国际互联网以来，学生迫不及待地进入虚拟世界，以获取及时的信息和知识，并创造传播知识的机会。新媒体极大地提升了信息传播的速度，实现了信息的快速传递，摆脱了时间和空间的限制。对于高校学生来说，网络媒体成为他们最直接、理想的信息获取方式和渠道，尤其符合他们热衷创新和自我意识强的特点。在没有时间和空间束缚的情况下，网络媒体有助于消除高校政治教育工作者与学生之间的隔阂，缩小了教育者与接受教育者之间的距离。这使政治思想教育工作者能够更轻松有效地开展教育工作，促使学生更容易接受政治思想教育，提高政治思想教育工作者的教育质量。学生可以更主动地接受政治思想教育的影响，而不仅仅是表面上的学习。这也有助于深刻贯彻政治思想教育在学生中的应用，让他们坚定地走向践行社会主义核心价值观的道路。

二、新媒体时代思想政治教育沟通机制构建的必要性

（一）顺应新媒体时代和社会发展的客观需要

以人为本的核心思想是在中国社会发展中不可或缺的理念，它强调一切工作的出发点都应以人为本。在这一发展理念的指导下，我们必须时刻铭记发展的基本要求，并贯彻实施新发展理念。科学发展观是我国社会发展的根本理论指导思想，也是在思想政治教育中必须坚守的理念和原则。这一理念强调关注人的本质和发展，强调了人的核心地位。

在现代思想政治教育中，科学发展观一直贯穿其中，特别强调了教育过程中教育者与被教育者的主体地位。它提倡以人为本的教育方法，强调平等和尊重，旨在加强教育者与

被教育者之间的沟通、交流和互动。

在进行思想政治教育沟通时，双方即教育者与被教育者应该进行面对面的交流。这种方式有助于缩小教育者与被教育者之间的距离，使教育者能够及时观察被教育者的相关性格和行为变化，了解其性格特点和心理特点。然后，根据不同的性格特点和行为特点，采用相应的教育沟通方式，实现对不同个性学生的多样化教育。同时，这一过程也有助于培养被教育者的自主思考等能力，最终实现思想政治教育的最大化效果，真正发挥对教育对象的教育作用。

（二）有利于推动和谐教育氛围的构建

思想政治教育沟通是一种新型的教育，它在很大程度上改变了传统教育中教育者与被教育者之间的管理关系。在思想政治教育中，更加强调教育者以人文关怀的方式与被教育者进行沟通。这种教育方式使得教育者不再仅仅处于管理的地位，同时被教育者也不再是被动接受管理的角色，从而使双方能够更加顺畅、高效地进行交流。

另外，思想政治教育沟通摒弃了传统的单向授教方式，将教育融入与教育对象的互动中。在这个过程中，教育者能够根据教育对象的状态灵活调整沟通方式，而思想政治教育也能够更好地了解学生的需求，明确学生在这个过程中需要什么，进而在教育中针对性地加入相应的因素，满足学生的需求。

同时，学生在思想政治教育沟通中也具有了更多的主动权和话语权，他们可以根据自己的思考提出见解，从而深入了解和体验思想政治教育。因此，总的来说，思想政治教育打破了传统教育中死板的氛围，建立了一个更加和谐的教育氛围。在当今社会背景下，这种教育方式是非常适用的，值得我们推崇。

（三）有利于实现思想政治教育网络化发展

社会科技不断发展，网络在人们生活中变得愈发重要。然而，网络具有虚拟性和复杂性，人们可能会受到网络中的不良信息或话题的影响，导致价值观产生偏差。因此，需要进行思想政治教育沟通，确保教育对象在沟通后能够在网络世界中不再迷失，具备更强的判断力和自我控制能力。

随着网络的发展和信息化的深入，教育双方都可以平等地获得教育信息。因此，教育者不能仅仅依赖信息量多的优势来传授信息。如果仍然采用传统的思想政治教育模式，教育内容可能会显得枯燥乏味，无法实现教育目标。因此，应采用新的教育模式，即思想政治教育沟通。在这一模式下，教育双方处于平等地位，能够平等地交流，更好地促进了思想政治教育的发展。

此外，网络已被纳入思想政治教育沟通中，教育双方可以通过网络平台更好地进行交流。在这个过程中，教育对象不再被动，可以积极提问，深入了解思想政治教育内容。网络不受空间和时间的限制，使教育双方能够在任何时间和地点进行教育沟通，拓宽了思想政治教育沟通的渠道。

三、新媒体时代思想政治教育沟通机制的构建对策

（一）增强教育者的主体地位

完善思想政治教育的交流主体需要提高教育工作的权威并推动教育者的角色转变。交流能力是提高思想政治教育工作效率的关键要素。增强思想政治教育工作的交流能力，实质上是增强交流和表达能力，特别是利用各种现代化技术进行交流的能力，例如利用互联网等媒介进行交流。教育者需要不断提升自己在使用现代化交流方式方面的能力，以有效地参与交流。这也包括了在交流阶段内选择正式和非正式交流的能力，将两者统一起来，克服交流中的困难，增强教育者利用互联网技术和平台与受教育者交流的能力，凸显介质在思想政治教育工作交流中的关键作用。

完善思想政治教育的交流主体也需要从提高思想政治教育工作者的交流素质出发。交流媒介是交流的一部分，而交流主体必须具备高水平的个人素质和道德品质。在进行思想政治教育工作时，教育者与受教育者的个人素质都至关重要。思想政治教育交流涉及到教育者与受教育者之间的互动和沟通，如果缺少任何一方的交流，那么这种行为将失去意义。因此，提高教育者和受教育者的素质和道德品质对于完善思想政治教育的交流主体至关重要。

（二）促进受教育者的沟通意识

在进行思想政治教育时，不能仅仅一味地传授相关知识。随着教育改革的不断深化，必须开始注重受教育者的主体地位。现代思想政治教育需要加强与受教育者的沟通和交流，只有这样才能确保教育者和被教育者之间有充分的思想沟通，也能够在很大程度上提高思想政治教育的效率，实现我们进行思想政治教育的目标。

在当今的思想政治教育中，受教育者的主体地位越来越明显，思想政治教育的效果很大程度上取决于受教育者的主观态度。因此，需要充分倾听受教育者的需求。不仅要传授相关知识，还要尊重学生的主体地位，时刻以受教育者为主，不断加强与受教育者之间的

沟通。需要创新思想政治教育的方法和内容，以提高受教育者对思想政治教育的兴趣，促使他们积极主动地参与其中，从而提高思想政治教育的效果。

同时，应该在教学过程中建立一个供受教育者发表和交流意见的平台。这样，教育者能够充分了解受教育者内心的需求和他们当前的思想政治水平，以便为受教育者制定合理的教学方案。教育者应充分利用这个平台，促进师生之间的和谐关系建立，创造良好、融洽的教学氛围，有助于提高受教育者的学习成果。

（三）优化思想政治教育沟通方式方法

课堂的主要组成部分是学生和教师，因此教育者在教学中担任着不可或缺的重要角色。教育者需要时刻注意自己的言行举止，以树立良好的榜样，利用个人的独特人格魅力和专业知识来吸引更多的受教育者。在今天信息飞速发展的背景下，教育者应积极利用多媒体工具。例如，教育者可以通过微博、QQ 等社交媒体工具来公开分享对某些事物的看法，同时借助这些先进的社交工具来增强与学生的交流。这有助于更深入地了解自己的学生，分享相关的生活经验和学习建议，从而有助于帮助学生。然而，进行这些活动的前提是教育者必须拥有专业的知识水平和良好的道德素质。在公众平台上，教育者更应该严格要求自己的言行，以起到带动和影响学生行为的作用。此外，教育者还可以就社会上的热门话题发表自己的意见，邀请更多的学生分享他们的看法，这既有助于更全面地了解学生的思想，也有助于促进师生之间的和谐关系。

（四）促进新媒体载体发挥合力作用

随着信息时代的飞速发展，新媒体的作用日益凸显，我们需要顺应时代的发展规律，不断传承和创新新媒体应用，特别是要将新媒体与校园思想政治教育内容充分结合，建立与学校相关的网络教育平台和资源平台，为学生提供更丰富的教学资源。

考虑到思想政治教育的特殊性，所建立的网络教育平台应与其他课程有所区别。要确保思想政治教育的庄严性和权威性，建立健全科学的教育体系。此外，需要对网络教学平台进行调整和创新，可以创建个性化的导航和特色网站，将学校的校园风景和学院的基本信息呈现在平台上，可以上传大量照片或视频。另外，还可以在电脑以外的平台上建立教育资源，充分利用手机应用、微信等官方平台。这将使学生能够随时随地了解学校的动态，提高网络教学平台的质量，吸引更多学生参与其中。

此外，网络教学平台不仅要展示相关专业知识，还要建立讨论区和答疑区，以确保每门课程的教师能够了解学生的学习情况，并及时解答学生的疑问，提高学习效率。这种综合性的网络教育平台将有助于更好地推动思想政治教育，并为学生提供更多的学习机会。

第三节 区块链技术下思想政治教育机制创新

一、区块链技术与思想政治教育机制的契合性

区块链技术是一种按照时间顺序将数据区块以顺序相连的方式组合成的一种链式数据结构，并以密码学方式保证不可篡改和不可伪造的分布式账本。"区块链技术作为信息技术的重要组成部分，其技术优势与创新思维与高校思想政治教育之间形成了很强的耦合性"①，区块链技术具有去中心化、智能合约性、开放性、自治性、稳定性和匿名性，这些独特的特性与当前思想政治教育机制中教育实践去中心化、教育资源多元化、教育成果共享性、教育主体自我管理化、教育影响延续性和教育信息安全性的实际发展趋势相协同，二者相结合将达到"补短板、强弱项"的效果。在区块链技术的数据支撑中，应不断加强思想政治教育机制规则设计，实现教育机制的协同创新，促进思想政治教育的有序共享和优势提升。

(一) 信息不可篡改性与思想政治教育信息集约机制相整合

区块链具有信息不可篡改性和时间戳技术，应用于思想政治教育的过程中，将学生接受思想政治教育的全过程按照实际发展轨迹详细记录，对课堂参与、综合成绩等显性教育成果进行科学分析。同时，将数据化分布式的存储节点进行算法整合，将学生自主学习的隐性教育成果通过数据呈现的方式可视化、可测评化地展现出来，最终实现教育信息的整合。这与传统的教育信息档案管理机制具有一致性。过去为了更好地系统性地记录学生成长发展的教育过程，高校采取档案"随身带"的信息集约形式，以证明和测评受教育者的发展状况。现今将网络信息与档案信息相结合测评和记录高校学生的教育信息的方式，仍然存在教育信息片面化、局部性等弊端。应用区块链技术的信息集约化处理技术与高校学生教育信息管理机制的相一致性，将区块链技术与教育信息管理集约性相整合。

---

① 占陈曦. 基于区块链理念的高校思想政治教育创新发展路径 [J]. 佳木斯大学社会科学学报，2021，39 (05)：63.

（二）　开发教育智能合约与思想政治教育资源管理机制相协调

区块链智能合约技术的应用，使得每个节点之间建立有效的确权联系，不仅加强了节点之间的直接联系，而且极大地提高了发展运行的实效性。在思想政治教育过程中，应充分运用区块链智能合约性的创新发展优势，开发教育智能合约。

一方面，在信息共享背景下加强思想政治教育资源与教育者和受教育者之间信任机制的构建，是发展共享教育资源必不可少的方式。只有有效建立教育资源与教育对象的信任机制，才能更好地扩大教育资源共享的范围。教育资源管理机制本质是立足于教育资源多样化的基础上有效地加强教育资源的应用和发展，使得教育资源惠及广大受教育者。现如今，虽然大多通过实名制登录或注册来实现信任的绑定，但是其间仍然存在许多不足。通过教育智能合约性与教育资源管理机制相协调，将有效解决教育资源管理之间存在的矛盾。

另一方面，关于教育资源管理机制中教育资源合理分配问题，通过应用区块链技术智能合约性将教育资源与受教育者的资源需求节点进行有效确权，不仅保障了教育资源供给的安全性，而且将进一步实现教育资源的合理分配。通过数据节点记录学生搜索和学习规律，能够实现智能推送优质思想政治教育相关的学习资源。开发区块链教育智能合约与思想政治教育资源管理机制相协调，能够更好地突破思想政治教育的空间与时间的格局。

（三）　去中心化与思想政治教育主体客体机制相统一

去中心化是区块链技术的重要属性，有别于"传统去中心"的新型发展模式。当前，整个新时代社会发展仍然是一种中心化的社会，如教育体系的核心、课堂教学核心等一系列的中心观，而次级体系是围绕整个核心构建的节点，体现出一种层次分明的形态。在整个发展运行形态过程中，不仅需要构建核心，而且需要搭建系统中介来推进实践过程的运行。正确认识区块链的去中心化思想，在智能合约性构建信任体系的基础上，链上节点的直接对接，从组织结构来说是一种去除单一核心，强调多主体共同参与，构建每个参与主体的平等性，使得主体在自觉主动性的驱动下进行实践活动。

区块链作为媒介动因，它再造了教学中的角色关系，以"链"的方式连接教师、学生和雇主单位等。区块链技术的去中心化与思想政治教育过程中教育主体客体化和教育客体主体化运行机制相统一。

一方面，调整传统思想政治教育过程中教育者和教育对象的关系，通过分布式账本全面系统地记录二者在思想政治教育中的数据区块，将教育者和高校学生作为共同参与者，平等进行交流与学习。同时，动态分析区块数据，使得高校教育者和教育对象在智能合约性的作用下自觉达成共识，将更好地实现思想政治教育平等机制的科学化配置。

另一方面，区块链技术的去中心化属性，教师、学校、家庭、社会和学生自己都可对学生思想政治教育的成效给出可量化的分数，改变了以往以分数为中心的评价机制，重视加强显性教育与隐性教育相结合为评价依据。此外，利用区块链技术的透明性可及时注意学生在思想政治教育过程中出现的变化，教育者和管理者可对学生进行引导和教育，实现教育评价机制过程和结果相结合。区块链技术的去中心化与思想政治教育评价机制的综合性相一致。

（四）开放性与思想政治教育成果共享机制相融合

在新时代信息化发展的影响下，思想政治教育架设共享机制、共享理念在日常生活和教育过程中发挥着潜移默化、深远持久的影响。思想政治教育资源和教育成果在各场域中充分体现着共享的魅力，在思想政治课堂、思想政治网站、实践活动、社会媒体等综合共享体系中融入区块链技术势在必行。

区块链以其信息的公开透明和开放的特点，使思想政治教育资源库在符合数据信任合约下可以被自由访问、学习和分享。教育者可以在学习国家大政方针和思想政治相关内容后，依据实际上传并分享自己的学习资料和学习心得。当然，区块链技术的区块数据记忆也会根据教育者的数据集合对分享内容做出相关反馈和适当修改。受教育者在思想政治教育的过程中可以在资源库中获取所需的学习资料以外，同样可以在符合区块链技术信任确权的基础上分享自身所拥有的学习资料。对于其他思想政治教育教学的管理者，由于区块链技术是对区块信息的分析处理，在特定时间和情境中可以实现对特定区块信息的整体分析验证，在信息透明化和开放性的技术中实现教育成果共享机制的科学性。

二、区块链技术下思想政治教育机制的创新实现

区块链技术逐渐成为社会关注的热点，要运用新技术使思想政治教育发展真正地活起来，架设新型思想政治教育机制的实现方式与运行形式，为更好地保证思想政治教育机制的高效能构建坚实的基础。将区块链技术与思想政治教育机制的构建高度融合，增强思想政治教育立德树人的时代感和吸引力，进一步提升思想政治教育机制转化为教育效能。

（一）创新区块链技术下思想政治教育的形式机制

1. 滴灌式——精准

虽然随着互联网技术的不断发展，逐步实现了教育资源有序共享和互联互通，但是对

于教育资源数据的分析整合缺少精准化和智能获得的确定性。利用区块链技术带有时间戳的数据层，结合思想政治教育的长期发展性和教育影响的延续性，就能够分析高校学生思想政治教育的个性发展，建立独特的个人数据库，进而有针对性地开展滴灌式教育，因材施教，有效避免传统的漫灌式课堂教育，实现教师的精准高效化教学。

当前，学生作为互联网应用的原住民，其生活和学习与网络应用紧密相连，受多元文化的影响，形成了多样化的意识形态，拥有个性化的价值观。学生自主意识较强，会根据自身生活与学习的需求通过网络获取所需信息。面对思想政治教育资源丰富多样，学生如何精准获得良性教育资源，培养高校学生符合时代要求的价值观念，区块链技术的创新性应用将有效提高思想政治教育的实效性。在思想政治教育过程中，利用区块链技术数据块构成的特征，相关技术管理人员将教育信息要求模块、高校思想教育学习模块、学生自主访问模块、学生生活信息模块等数据块进行大数据的分析整合，系统化探索各模块之间形成的交集，将学生个性化思想与教学内容、教学目标相结合，进而根据数据分析对学生主体有针对性地进行精准化的思想政治教育，同时可及时发现并引导其中存在的错误思想观念。

网络化的发展路径为精准思想政治和智慧思想政治搭建了全时全员全域全景式的践行场域。从教学内容精准到教育主体精准，实现思想政治教育的精准化发展，真正地实现因材施教、因时而教、因需而学。应用先进的区块链技术，创新思想政治教育形式，改变了传统的"漫灌式"教学方式，打造"精准—滴灌式"新型思想政治教育方式方法，有针对性地提高了思想政治教育的实效性。

2. 智能式——自治

区块链系统的组网方式、消息传播协议和数据验证机制等要素构成的网络层，使思想政治教育的教育结果在各个数据节点中得到系统的分析和验证，并不断地更新发展。甚至区块链技术可以实现自动执行，提供思想政治教育机制系统优化的智能方案。

新时代思想政治教育发展要求不断提高学生学习的自觉主动性，培养自我学习与自我管理的能力。面对意识形态构建的复杂性，从根本上分布式把控思想政治教育效果，是实现立德树人目标的"舵手"。基于区块链系统构建的网络层叠式模式，思想政治教育在组构数据块的过程中，可以先对各个数据块进行分析整合，通过系统化分析，从各数据块输出评价结果，并在初步数据块中发现问题解决问题，充分重视思想政治教育的过程性，将区块链技术的智能合约性和信任机制算法应用于思想政治教育的教育资源集合、教育平台管理、教育效果评价等方面。

区块链技术的智能合约性，使思想政治教育资源在提供与获取的过程中无须第三方参与，依据设计条件可有效避免具有误导性信息的出现，使思想政治教育资源的提供者和获取者均符合要求，否则无法输出结果，这进一步保证了思想政治教育资源的可信度和优质性。区块链系统可追溯性和智能合约性的智能应用，要求在思想政治教育过程中要不断提高参与者的自觉主动性，不仅要主动地获取有用的信息，而且要通过验证机制不断地加强自身的管理。

基于区块链技术优化思想政治教育系统，构建自治—智能式运行机制，应用区块链技术的信任反馈和分布可调节性，充分调动思想政治教育多元主体的自觉主动性，实现自我教育、自我管理的教育要求。

3. 宏观式——共识

区块链技术的去中心化系统使各节点针对区块数据的有效性达成共识，形成共识层。在思想政治教育过程中，随着教育主体、教育场域、教育影响等去中心化的不断发展，运用共识层应对思想政治教育过程中去中心化的分散性，将网络层节点整合的微观层次机制和共识层节点综合协调的宏观层次机制相结合。

创新思想政治教育机制，从部分与整体融合发展的角度出发，实现"1+1>2"的发展效应。区块链技术下，思想政治教育的发展，从学校领导组织系统、网络信息系统管理者、高校教师到高校学生，是一个多主体参与过程，并在自己负责的场域具有主导性。应用区块链技术进行思想政治教育，要针对教育要求与教育目标，从教育系统运行节点逐步形成符合规律的组织管理方式或教育学习方法，使各个节点以立德树人为目标不断实现教育的实效性。从部分到整体，踏实走好每一步，使得各节点形成共识，最终实现整体宏观的教育发展，从大局把控思想政治教育的创新发展。

在思想政治教育过程中，强调微观与宏观相统一，个性化与整体性相协调，过程评价与结果评价相结合。构建思想政治教育的"共识—宏观"机制，我们可以在某种程度上对相关知识的传播和共享起到一定的控制作用，让更有价值的知识内容尽可能多地传播与共享给组织成员，从整合性与辐射度的角度更好地促进立德树人根本任务的完成。

(二) 创新区块链技术下思想政治教育的功能机制

1. 以代币完善学习共享区块，发展思想政治教育激励机制

代币即激励，知识学习共享等区块设置奖励机制，激发高校学生对虚拟价值实用性的充分想象，发展思想政治教育激励机制。利用区块链技术的代币机制，围绕思想政治教育建设学习和共享区块，当高校学生自主学习相关内容时，根据学习时长和学习效果测试进

行相应的代币奖励，当所获取的学习代币积累到一定程度时，可获得学习奖励，或者陈列相关书籍可以代币抵扣的方式购买；也可以在学习过程中设置潜藏技能，运用代币解锁，如设置符合高校学生学习兴趣的漫画呈现我国建党百年的历程，将"四史"教育分阶段进行教学设计，其中部分过程需要用学习获得的代币作为解锁之钥。运用区块链技术的代币作用，不断激发高校学生学习的自觉主动性，创新完善思想政治教育的激励机制，将虚拟代币与实际应用相结合。

在激发学生自觉主动地参与过程中，要充分发挥区块链网状系统的优势，不断扩大教育资源、教育信息的共享，进一步增强思想政治教育激励机制的有效影响范围。关于思想政治教育资源共享区块，当教育者和学习者将自己拥有的优质教育资源和学习经验分享到区块并结合对其他学习者的影响效果给予代币奖励。通过区块链的教育激励机制，提升思想政治教育的实效性，创新信息化时代人才全面发展的"快捷键"。

2. 运用数据节点分析配置教育资源，促进思想政治教育公平机制

数据层、网络层和共识层相结合，分析思想政治教育资源的分布情况，优化教育资源的合理分配，进而完善思想政治教育公平机制。教育公平是社会公平的重要基础，要不断以教育公平促进社会公平正义。尽管我国非常重视教育发展，不断缩小教育差距，但是各高校之间依然存在教育发展不平衡的状况。

区块链是能够达致价值公平的有效技术手段，利用区块链数据节点特性分析并合理地分配教育资源，从宏观的角度对思想政治教育资源合理调控，从源头上保证教育公平机制的构建。思想政治教育资源的合理分配重点从以下三个方面把控：

（1）教育基础设施的构建。通过区块链技术的应用，将教育需求与教育基础设施构建相匹配。通过教育实践过程需要，构建各思想政治教育基础设施需求数据层，并将其需求与国家大政方针、政府教育政策的教育支撑相结合，使其形成共识层，以便及时合理地完善思想政治教育基础设施的建设，保证教育发展硬件的提供。

（2）优质教师队伍的构建。区块链技术在提升思想政治教育的实效性、构建教师队伍方面起到极其重要的作用。高校思想政治课教师是学生树立社会主义核心价值观的引路人，通过分析数据节点合理调整教师队伍，进一步保证高校学生受教育水平的相对均衡发展，保证教育质量。

（3）思想政治教育资源的构建。区块链技术应用日趋广泛，通过网络层的搭建，将形成教育资源共享和数字文化的发展，最终形成立德树人的共识。通过区块链技术有效率、高质量地实现思想政治教育资源的均衡分配，保障思想政治教育公平机制的落实。

3. 提高区块链教育服务精度，推进思想政治教育终身学习机制

存储即所有，区块链的时间戳服务和存在证明，使事件被永久保留。节点的对应性服务使思想政治教育精确到个人甚至是具体时间段，巨大的数据整合存在一定的逻辑发展趋势，同时存储所有权介质不断吸引人们形成终身学习观，并在具体实践中推进思想政治教育终身学习机制的发展。

区块链技术下思想政治教育发展过程中以各数据节点作为分界，系统全面地记录教育者与受教育者的学习活动，并永久保存，可有效分析思想政治教育实效性并在过程中对下一步发展有效地引导与纠错，进一步加强的数据层能够整合服务精度，同时对发展过程有效监测和引导，用数据分析精度实现真正的精准思想政治建设。从数据层的构建到共识层的协同，再到信息存储与分析的节点记录，都在一步步地实现精准思想政治的落实步伐，提高思想政治教育的精准服务。

教育是百年大计，学习是终身追求。在提高区块链教育服务精准度的同时，信息存储的不可更改性质使高校学生在思想政治教育过程中始终保持树立正确的价值观的"心动信号"，意识对实践具有反作用，并将影响自身的行动；同时，激励高校学生不断完善自身思想政治教育区块的延伸发展，以实际数据使思想政治教育效果"看得见"，提高学生不断学习的热情，最终推进思想政治教育终身学习机制的完善，不仅可以在制度政策中引导学生树立终身学习观，更重要的是以事实化的发展促进高校学生形成终身学习的行动。

发展好新时代思想政治教育要学会应用先进科学技术铸魂育人。区块链技术下高校思想政治教育机制创新研究，用科技化管理与创新，从新的高度推进思想政治教育实效性。借着区块链技术发展的"东风"，以新的立场、观点、方法，创新高校思想政治教育发展模式和机制构建，切实解决好"培养什么人、怎样培养人、为谁培养人"这个教育的根本问题，建设中国特色的教育强国，培养肩负民族复兴大任的时代新人。

第四节　图像化思想政治教育"内化于心"机制

视觉文化时代带来了思想政治教育图像化转向的新契机，思想政治教育的抽象性部分寻找到具象化呈现形式，同时也带来了关于图像化思想政治教育如何入脑入心的现实拷问。相比于传统思想政治教育教与学之间"你说我听"的直线形式，图像借助视觉揭示了教育者与受教育者间的互动性关系，让受教育者对思想政治教育图像化文本具有主动选择性，这使得受教育者能够有意识地、能动地参与图像化思想政治教育实践活动，其观看的

过程实质是视觉思维运作和心理活动综合作用的内化于心过程。

深入分析和研究图像化思想政治教育入脑入心机制，对于把握图像化思想政治教育规律，推进图像化思想政治教育由内化于心走向外化于行具有重要的现实意义。

图像化思想政治教育"内化于心"机制依赖于观看诉求、受教育者、图像化思想政治教育文本及内容、潜在效果等不同要素间矛盾关系的有效解决，是各个要素内部的本质联系及其矛盾运动的必然趋势。而受教育者解读图像化思想政治教育文本的具体矛盾主要体现为图像化思想政治教育内容吸引力与受教育者注意力之间的矛盾、图像化思想政治教育内容与受教育者接受可能之间的矛盾、受教育者对图像化思想政治教育内容的知识型掌握与实践型掌握之间的矛盾。从这些矛盾中抽象出来的"内化于心"机制相应地表现为注意凝聚机制、心理接受机制和行为意愿机制。

一、注意凝聚机制

"看"是一个深刻问题，揭示了主客体之间的一种互动性关系。"看"的发生是在主体与对象之间建立起有效的连接。受教育者对图像化思想政治教育的理解、认知、内化和外化，首先便以"看"与图像化思想政治教育文本发生关系，体现着图像化思想政治教育内容吸引力与受教育者注意力之间的矛盾关系。注意凝聚机制就是立足这一矛盾关系基础上的本质体现，是强调受教育者对图像化思想政治教育文本的"观看"和"凝视"的心理规律，意在既强调"看见"，又强调"看懂"。

（一）"看见"——受教育者把握视觉主动权的"观看"

"观看"这种看似自然常见的行为，从来就不是眼睛与视觉对象的简单直接的撞击，观看的过程实际上包含了眼睛的选择、组织和重构。受教育者对思想政治教育图像文本具有选择权，并非所有图像文本都能够进入受教育者的视觉思维运作程序中，否则会产生视觉疲劳。因此，如何更好地实现受教育者的"看见"，是图像化思想政治教育理应关注的首要问题。只有先"看见"，才能更好地深入其中，这是观看机制的核心要义。受教育者把握主动权的观看机制主要表现为以下三点：

第一，受教育者将思想政治教育图像文本中的客观性对象转化为心中的主观性对象。当受教育者将注意力放置在思想政治教育图像文本上时，其观看的内容在发生性质上的变化，这种变化表现为思想政治教育图像文本中的视觉物逐渐向受教育者内心的主观性对象转化。这种转化表明了图像文本内容对受教育者产生了影响，思想政治教育图像化内容从视觉文本走进受教育者内心，标志着图像化思想政治教育施教的开始。

第二，受教育者将内心的主观性对象进行绝对化，引向新的想象。"观看"并非表现为毫无目的的视觉冲击，而是带有一定的组织性。这种组织性首先表现为受教育者将从思想政治教育图像文本中获取的视觉物在内心进行处理和加工。这能够将内心的主观性对象绝对化，使受教育者从对外在视觉特征的关注走向内心，并展开新的想象。当受教育者以想象的形式建构内在主观对象时，思想政治教育内容便经过观看进入到一个新的层次，标志着受教育者的"观看"不再仅仅聚焦于颜色、大小、形状、位置等外在视觉特征。

第三，受教育者将经过新的想象而产生的主观性对象在不断发展中进行有机调节，以纠正可能存在的观看偏差和错觉。经过新的想象而产生的主观性对象已经在受教育者心中初具深度认知的雏形，但为避免观看初期可能产生的偏差和错觉，需要在处理和加工过程中优化和调整。"观看"表征着图像化思想政治教育走向个体化，受教育者的"开始观看"标志着图像化思想政治教育真正进入内化于心的程序中，并且随着受教育者的"观看"而不断地聚焦和发展图像化思想政治教育意蕴。在这个意义上，图像化思想政治教育逐渐从受教育者的"观看"走向受教育者的"凝视"。

（二）"看懂"——图像化思想政治教育引导受教育者的"凝视"

相比于"看见"的生理能力倾向，"看懂"表现为后天实践基础上的发展能力问题。所谓"凝视"，揭示了受教育者看懂思想政治教育图像文本的心理机制。相比于"看见"的客观性和现实性，"看懂"更具有创造性和发展性。

当受教育者以"观看"实现了内在主观性对象的不断发展和优化时，便逐渐走入"凝视"状态中。在"凝视"中，受教育者的主动权让位于思想政治教育图像，思想政治教育图像内容能够引导受教育者沉浸其中。

例如，当以第三人称的叙述形式将"我爱我的祖国"传递给受教育者时，所形构的是一种"我"和"他"这样的间接性传递关系。然而，将爱祖国的一组系列故事视频或者巨大图像呈现在受教育者面前时，这种"我"和"他"的间接性传递关系就转变为一种"我"与"你"或者以身临其境之感而产生的"我们"的直接性传递关系。此时，受教育者不再是局外人，而是被图像的开放性和感染性引入图像之中，实现了受教育者的身份转换和认同，达到主客合一。

对于沉浸于思想政治教育图像中的受教育者来讲，他们的视线受到外在客观对象的牵引，成为思想政治教育图像内容的追随者。受教育者在"凝视"中受到引导，并在这种引导中形成想象的心理对象。此时，"凝视"不再需要外在的干涉和影响，沉浸其中的受教育者能够借助思想政治教育图像内容的自主引导，在内心逐步建构起心理图像。这种心理图像具有明确的方向性和认知体系，是受教育者深入"凝视"乃至理解的基础。唯有如此，"凝视"中的受教育者才不会产生关于思想政治教育图像信息获取的偏差和臆断，也不会造成"观看"上的错觉和失真。

"观看"所产生的客观性的思想政治教育图像，成为一个在"凝视"中不断建构心理图像或者认知图像的条件，终将会因为"凝视"形成的关于思想政治教育内容的心理图像或者认知图像而逐渐消解，并被它们取而代之。这会成为受教育者深度认知、理解、内化乃至外化图像化思想政治教育深层意义的精神动力阀门。

二、心理接受机制

图像化思想政治教育内容与受教育者的接受可能之间的矛盾反映了受教育者解读的核心使命和任务。一方面，图像化思想政治教育只有在得到受教育者的积极接受基础上，才有可能转化为行动的指南；另一方面，受教育者也只有在不断接受图像化思想政治教育的过程中，才有可能满足自身不断发展的价值诉求。受教育者如何接受图像化思想政治教育反映的是一个心理认同的过程。心理接受机制强调的便是受教育者在观看思想政治教育图像文本过程中心理上产生的不断理解、认同图像化思想政治教育内容的规律，主要包括"具象的抽象化""情感升华""虚实相依"，分别从不同层面揭示了受教育者对图像化思想政治教育产生认同的内在特征和具体表现，是有效推进图像化思想政治教育内化于心的重要心理机制。

（一）"具象的抽象化"：个体微观体验走向国家宏观规范

理论上讲，图像化思想政治教育内容生产遵循的是从国家宏观层面道德规范走向个体微观层面道德体验的规律，而受教育者解读图像化思想政治教育内容的过程则揭示了从个体微观层面的日常经验走向国家宏观层面价值规范的心理接受机制，即"具象的抽象化"。思想政治教育图像文本内容的生产过程实现了从抽象化到具体化、现实化、日常化和形象化的转化，实现了理论话语向图像话语和大众话语的转化。因此，受教育者所面对的思想政治教育图像文本内容理应是一种个体微观层面的日常性、经验性的生活化情景再现。

在这样的情景下，受教育者能够"以小见大"，从对个体化的微观体验中总结和升华出一系列的国家宏观层面的道德规范。此时，个体化的图像叙事就进入到社会空间中，演化为一种宏观层面的社会性道德规范。思想政治教育图像文本中的个体化微观图像演绎也就自然成为"这一类"的宏观层面的道德规范的具体示范和样式，并充当起榜样的角色。例如，当教师将央视公益广告"回家篇"展现给学生时，便将现实中"回家"的鲜活事例和场景在学生眼前进行了视觉集合和再现。受教育者心中的"回家"也就不再仅仅是展现生活中的具体化场景，而是逐渐上升为对"团聚""孝顺"等中国传统道德规范的诠释。"回家"也就从受教育者的个体化的、亲切的视觉体验中升华为一种集体性价值观的视觉化示范形式。

"具象的抽象化"心理机制揭示了受教育者从个体走向国家的内在体验的升华，在效仿和社会认同中提升自身的崇高道德使命感，是从个体中的自我走向集体中的自我的飞跃。

（二）"情感升华"：情绪外化向情感内化持续发展

情感在受教育者不断认同社会道德规范的心理接受过程中发挥着重要作用，但情感并非一成不变的，受教育者的情感总是会随着其需求的不断满足而持续发展。只有那些与我们主观需要有关系的客观事物，才能引起某种情绪和情感活动，受教育者需求的满足是产生情感的重要根源。需求是不断发展的，因此受教育者的情感也必然是不断升华的。

所谓情感升华机制，是指随着受教育者需求的不断满足而形成的从原始性情绪向社会性情感不断发展的心理过程，包括情绪外化和情感内化两个连续方面。情绪外化表明了受教育者与思想政治教育图像文本之间的直接性情感关系，是受教育者在观看思想政治教育图像文本时，满足自身感官需求、信息获取需求等而表现出来的最为直接的反应。

例如，对图像内容中乐于助人善举的赞叹、敬佩等，对自私自利行径的反感、愤懑等，都是一种情绪的表达和呈现。受教育者的这种情绪是对某些具体道德行为、事件、言论的直观而表现出来的情绪色彩，它是某种情感的直接体验，而不是这种情感本身，会表现出极不稳定的"情绪骚乱"特征。如果要促进受教育者情感的持续发展，就要实现情绪的确定化，使之成为受教育者情感发展的有力推动因素。

情感内化便推进了情绪确定性发展。情感内化是建立在受教育者生理性情绪基础上的内在情感的系列反应和升华，表现为从稳定的心境到道德感、理智感、审美感等情感，再到信念信仰的情操的升华过程。情感内化是受教育者需求在理解图像化思想政治教育内容中得到了满足和激发而产生的。当受教育者对图像化思想政治教育产生了类似"喜欢"的积极情绪体验时，会进一步形成由思想政治教育图像走进自身生活的探索性需求。这一需求的满足需要通过想象得以实现。此时受教育者的想象是基于情感共鸣的，形成了图像化思想政治教育与自身生活之间的情感关系，能够反复生成多元化情感体验，从而在情感氛围中生成更高级的社会性情感。这种社会性情感不再是简单的情绪堆积，而是发自内心的情感认同，具有理性的力量，在推进受教育者接受和认同中发挥重要作用。

当然，受教育者的情感反应并非一蹴而就的线性发展过程。当受教育者自身的认知与思想政治教育图像内容中的意义相悖，便会产生矛盾冲突的心理体验，既有压抑自私本性的痛苦，也有因之而产生的自豪感。这种内心冲突也正是情感升华的内在驱动力，在矛盾、和解、再矛盾、再和解的反复洗礼中实现情感的高层次发展。

（三）"虚实相依"：反映主观形态与关联客观状态

受教育者在观察、想象和构绘的视觉思维运作过程中，其接受和认同并非对图像化思想政治教育文本的单一性、机械性反映。受教育者的接受总是要以自身的现实实际和经验作为理解、判断和选择的依据。这种现实性依据成为受教育者接受图像化思想政治教育内容的一个重要方面，规定着受教育者如何个性化理解图像化思想政治教育内容及其现实意义。从这一角度看，受教育者对图像化思想政治教育内容的接受过程便遵循了"虚实相依"的心理机制。

"虚实相依"的心理机制指的是在受教育者头脑中将图像化思想政治教育内容与现实实际相融合，并进行个性化理解和接受的心理过程。其中，图像化思想政治教育文本及内容作为一种人为的创造性的文化形式，已经成为能够反映客观对象的重要艺术形式，就不再是独立于教育者的纯粹客体了，而是被创造者所加工、改造和创新，从自然的外物形态转变为人为编码后的观念形态，处处带有教育者的主观印记和情感，此为"虚"；受教育者所经历的现实生活及其头脑中形成的既有的现实性经验，是作为受教育者的一种客观的判断依据而存在的，受教育者从一开始进入思想政治教育图像文本中时，其选择、理解、判断、认知和接受等一系列的心理活动就凭借自身的现实经验和对现实生活的联系来进行，此为"实"。

受教育者的心理接受，既是对创造的主观形态的反映，又是对现实客观状态的关联。"虚实相依"的心理机制揭示了受教育者的认识是一个主客观相互统一、相互作用的不断发展上升的过程。一方面，受教育者原有的现实经验成为理解和认知图像化思想政治教育内容的重要基础；另一方面，受教育者在认识活动中不可避免地要再次联系自身实际、发挥想象，进行个性化理解和深度认知。

在受教育者的心理接受过程中，思想政治教育图像文本内容是其直接的认识对象，而这一思想政治教育内容的"原型"则是其根本的认识对象，只不过这种"原型"需要依赖于受教育者联系生活实际得以窥见。受教育者的接受过程便是一种调动自身的感悟力、想象力的欣赏活动，通过自身的经验、个性、目的，进行判断、选择、吸收、同化和顺应。这是受教育者内在的生命结构、心理感悟、人格力量的外在投射，旨在形成人与自然、人与人、人与社会之间的独特观点和态度。

三、行为意愿机制

受教育者面临着图像化思想政治教育的知识型掌握与实践型掌握之间的矛盾。当受教育者对图像化思想政治教育内容是知识型掌握时，图像化思想政治教育只是以具体化的知识形态存在于受教育者头脑中，难以将其转化为受教育者行为实践的重要内在驱动力，更难以最终实现图像化思想政治教育的践行目标。只有引导受教育者对图像化思想政治教育达到实践型掌握，使受教育者形成践行的意向和动力，才能够更好地推进图像化思想政治教育内容的行为实践。

受教育者的行为实践须具备行动前需求冲突的有效解决，以及丰富的情感催化、高尚的信念确立、坚定的意志品质，有着丰富的精神含量，受复杂心理准备活动支配。对图像化思想政治教育的知识型掌握与实践型掌握之间矛盾的有效解决，依赖于受教育者良好的心理准备状态。行为意愿机制便是强调在主体需要这一动力基础和"知""情""意"的动力系统的相互作用中，受教育者内心不断将对思想政治教育图像内容的认识转化为行为动机和意向，为深入实践和行为养成提供心理准备的规律。它揭示了受教育者在内化于心的过程中实践型需求的持续性满足和行为动机的稳定性生成，是图像化思想政治教育在动机层次上从内化于心走向外化于行的重要心理机制。

（一）主体需要是行为意愿产生的动力基础

图像化思想政治教育内化于心的过程主要包括三个基本前提：一是图像化思想政治教育引发受教育者的"注意"；二是受教育者具备一定的认知结构和视觉图式；三是受教育者在实际行为中产生的需要。"注意"是引发受教育者"观看"和"凝视"的门户，认知结构和视觉图式是理解和接受思想政治教育图像内容的前提，而需要是催发受教育者产生行为动机的动力基础。需要在人的能动性活动中具有原初动力作用，人类正是通过对自身需要的不断满足而实现自身生存和发展的。需要直接与人类的行为动机相联系。因此，当受教育者头脑中的图像化思想政治教育内容经过一系列视觉思维的运作加工过程，进而作用于受教育者行为意愿产生的动力系统时，实质上是在头脑中建构关于思想政治教育的认知体系和实践体系，而能否在实践体系中产生行为动机，关键在于图像化思想政治教育内容认知体系对受教育者需要的影响如何。

当受教育者原初行为需要与作用于头脑中的认知结构、先前经验的思想政治教育图像化内容相一致时，思想政治教育图像化内容就能够强化受教育者的行为动机，原来的行为需要具备了产生同化心理反应的功能。而当受教育者的原初行为需要与思想政治教育图像化内容不完全一致或者相抵触时，思想政治教育图像化内容此时发挥的便是劝服效能，具备了顺应心理反应的功能，表现为从表面服从走向行为认同，最终实现价值观念层面的动机关联，形成稳定的行为动力基础。

人的需要的发展与其对道德的包含程度具有正相关性，需要发展层级越高，对价值要求也就越高，对不同层级需要的满足会带来不同层级的行为效果。图像化思想政治教育旨在通过推进受教育者诉求的不断发展，使其从影响受教育者选择"观看"的感官需要，不断发展为影响受教育者深入想象的探究需要，并深化为影响受教育者产生行为意愿的实践需要。受教育者诉求不断发展表明了头脑中关于图像化思想政治教育内容在认知上得到了持续同化、顺应和发展，并且这种认知程度越高，表明受教育者思想政治品德行为动机形成的可能性越大。

（二）"知""情""意"是行为意愿产生的动力系统

受教育者对图像化思想政治教育的认知与践行之间并非一种对等性关系，只有在受教育者对图像化思想政治教育的认知和行为之间构筑起"情"和"意"，才能够实现受教育者的"知"与"行"之间紧密的、有机的联系，催发受教育者行为动机的产生。一般来讲，受教育者观看思想政治教育图像内容并受到教育引导后，产生行为动机并在实际生活中践行时，需要具备三个基本条件：①了解如何才能够践行思想道德观念；②具备了一定的践行思想道德观念的客观条件；③自愿在实际生活中践行思想道德观念，且能够克服践行过程中遇到的困难。从受教育者的心理状态来讲，以上三个条件分别对应了受教育者的"知""情""意"三个方面，"知""情""意"构成了受教育者行为意愿产生的动力系统。

具体来看，"知"强调的是受教育者对思想政治教育图像化内容的内在价值意蕴以及如何践行道德行为的认知，并对这一行为目的有着清晰的了解。

"情"强调的是受教育者对思想政治教育图像化内容传递出的价值观念所依赖的环境条件的一种态度体验，包括受教育者的内在心理环境和外在客观环境，这为践行道德观念提供了一定的条件支撑。比如，客观环境中存在的孝顺父母的先进事迹和良好风俗、社会制度关于孝道的规定和保障、社会成员内心对孝道的遵从和模仿等等。

"意"强调的是受教育者践行思想政治教育图像化内容传递出的道德观念所具备的行为意向、动机和遇到困难时的决心，既体现为愿意去践行，又体现为决心去践行。如果受教育者了解了自身应该在现实生活中如何去做，具备了践行的外在条件和心理支撑，且具有践行的动机以及克服践行困难的决心，那么受教育者的这种践行道德观念的行为就能够在这样的一种心理准备状态和意愿中得到持续性推进，从而实现图像化思想政治教育内化于心。

鉴于此，要更加重视行为意愿机制中的"知""情""意"三者间的有机联系，通过图像化思想政治教育激发受教育者的积极情感，实现以"情"益"知"、借"情"促"意"，以情感体验作为激发行为动机的重要手段，使之产生行为的巨大意志力。当然，社会成员的行为实践也离不开外在社会制度的保障和公序良俗的积极影响，这需要从多方因素综合考量。

参考文献

[1] 陈希，秦玮. 浅谈学生心理素质教育中存在的问题及对策 [J]. 当代教育实践与教学研究，2017，(09)：209.

[2] 陈勇，祖星儿，马晓燕. 马克思批判精神的历史意涵、逻辑必然与时代价值 [J]. 思想教育研究，2020 (09)：63-67.

[3] 崔家生. 网络思想政治教育研究 [M]. 济南：山东画报出版社，2016.

[4] 单文鹏. 论思想政治教育机制的内在逻辑 [J]. 高校马克思主义理论研究，2019，5 (04)：80-88.

[5] 董育余，赵生吉，叶进. 区块链技术下高校思想政治教育机制创新研究 [J]. 现代交际，2022 (05)：105-112+124.

[6] 郭绍均. 论增进思想政治教育学科建设的学科自觉 [J]. 湖北社会科学，2016 (08)：179-185.

[7] 胡娜. "以人为本"理念下思想政治教育的创新 [J]. 科学大众（科学教育），2018 (12)：164.

[8] 金林南，王燕飞. 思想政治教育环境研究的实践性思考 [J]. 思想理论教育，2022 (06)：65-70.

[9] 李晗，逄红梅. 大数据驱动高校思想政治教育创新的价值、误区与路径 [J]. 学校党建与思想教育，2022 (20)：68-70.

[10] 李沐潼. 中国优秀传统文化融入大学生思想政治教育研究 [J]. 文化产业，2022 (05)：123.

[11] 李晓蓉. 大数据赋能高校思想政治教育：价值、难题与策略 [J]. 成都航空职业技术学院学报，2023，39 (03)：1-3+12.

[12] 梁春娥. 新形势下高校思想政治教育实践育人路径探索 [J]. 食品研究与开发，2022，43 (07)：233.

［13］刘丹阳. 大学生思想政治教育协同育人机制的现状及发展［J］. 大学，2023（18）：29-32.

［14］刘漫宇. 立德树人视域下高校思想政治教育和创新创业教育协同育人模式探究［J］. 大学，2023（18）：37-41.

［15］卢晓雯，李俊奎. 从马克思精神生产理论看中国精神的生成逻辑与价值意蕴［J］. 郑州大学学报（哲学社会科学版），2022，55（01）：24-29.

［16］罗仲尤. 思想政治教育属性研究［M］. 北京：知识产权出版社，2017.

［17］米庭乐. 论马克思思想中的文化批判精神［J］. 知与行，2020（06）：26-31.

［18］权麟春. "三全育人" 视域下高校思想政治理论课实践教学的理路论析［J］. 吉林师范大学学报（人文社会科学版），2022，50（04）：105-112.

［19］任金凤. 新时代大学生思想政治教育方法的创新研究［J］. 经济师，2021（12）：182.

［20］孙其昂，叶方兴. 思想政治教育社会学的理论探索［M］. 南京：河海大学出版社，2016.

［21］唐华，林爱菊. 思想政治教育生态价值的实现路径［J］. 教育理论与实践，2018，38（24）：32.

［22］田晋颖. 思想政治教育现代化及其路径探析［J］. 山西高等学校社会科学学报，2015，27（10）：86-89.

［23］王洁，柳泽民. 马克思精神生产理论与新时代社会凝聚力建设［J］. 长春理工大学学报（社会科学版），2022，35（01）：61-64.

［24］王彤. 高职院校思想政治教育中新媒体运用的实证探究［J］. 现代商贸工业，2022，43（14）：47.

［25］王伟. 大数据背景下高校思想政治教育创新研究［J］. 大学，2023（21）：41-44.

［26］王义川. 思想政治教育视野下的大学生创新精神培养机制研究［J］. 智库时代，2020（08）：121-122.

［27］吴朝邦，黄宁宁. 马克思精神生产的创新实质［J］. 观察与思考，2022（06）：26-34.

［28］吴婧，张晶莹. 网络思想政治教育环境的原则和要素［J］. 黄山学院学报，2022，24（04）：126-128.

［29］吴希荔. 马克思精神生产理论及其当代启示［J］. 学理论，2020（01）：20-21.

［30］许吉团. 区块链技术对新时代思想政治教育工作的应用场景解析［J］. 喀什大学学

报，2021，42（05）：88-93.

[31] 许醴，姚敏. 大学生思想政治教育环境的审美优化思考［J］. 安徽工业大学学报（社会科学版），2022，39（02）：101-103+107.

[32] 杨增崟，杨国辉. 当代思想政治教育若干前沿论域［M］. 北京：中国财富出版社，2020.

[33] 叶方兴. 思想政治教育的社会视界［M］. 桂林：广西师范大学出版社，2020.

[34] 于小航. 新时代高校思想政治教育实践育人有效机制探析［J］. 现代交际，2023（09）：117-121+124.

[35] 虞滢. 思想政治教育实践智慧构建的方法论进路［J］. 思想教育研究，2021（09）：36-41.

[36] 占陈曦. 基于区块链理念的高校思想政治教育创新发展路径［J］. 佳木斯大学社会科学学报，2021，39（05）：63-66.

[37] 张帆. 大数据时代高校思想政治教育面临的挑战与解决路径［J］. 新西部，2023（08）：211-213.

[38] 张凤娟. "大思政"格局下大学生体育教育与思想政治教育协同育人研究［J］. 体育科技，2023，44（03）：136-137+140.

[39] 张晓红. 大学生自我教育能力提升的对策研究［J］. 常州信息职业技术学院学报，2020，19（06）：52.

[40] 张毅翔. 新时代思想政治教育的新使命和新要求［J］. 思想教育研究，2017（11）：20.

[41] 赵冬颖，李思洋. 高校思想政治教育环境优化研究［J］. 科教导刊，2022（24）：82-84.

[42] 郑英伟. 新时代法治文化建设的思想渊源研究［J］. 经济师，2022（04）：59.

大眼斜鳞蛇 *Pseudoxenodon macrops*（Blyth, 1855）